As
viagens

As viagens

MARCO POLO

Tradução
Roberto Leal Ferreira

MARTIN CLARET

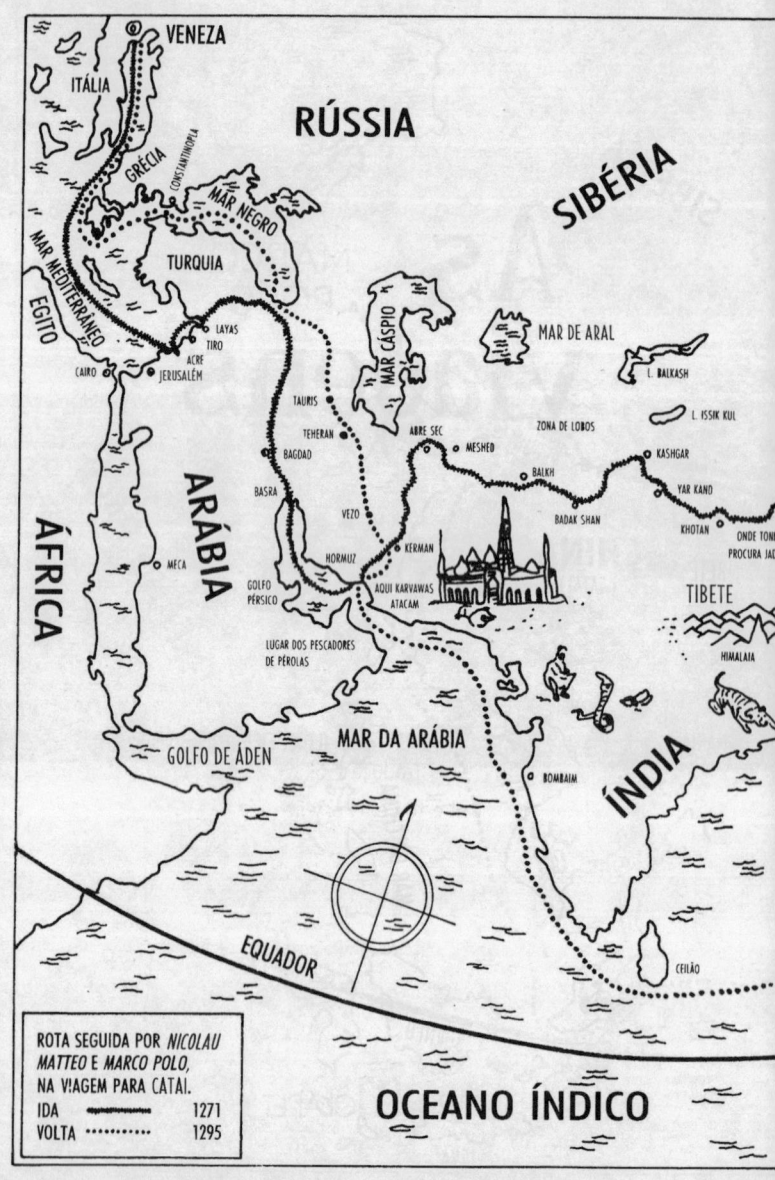

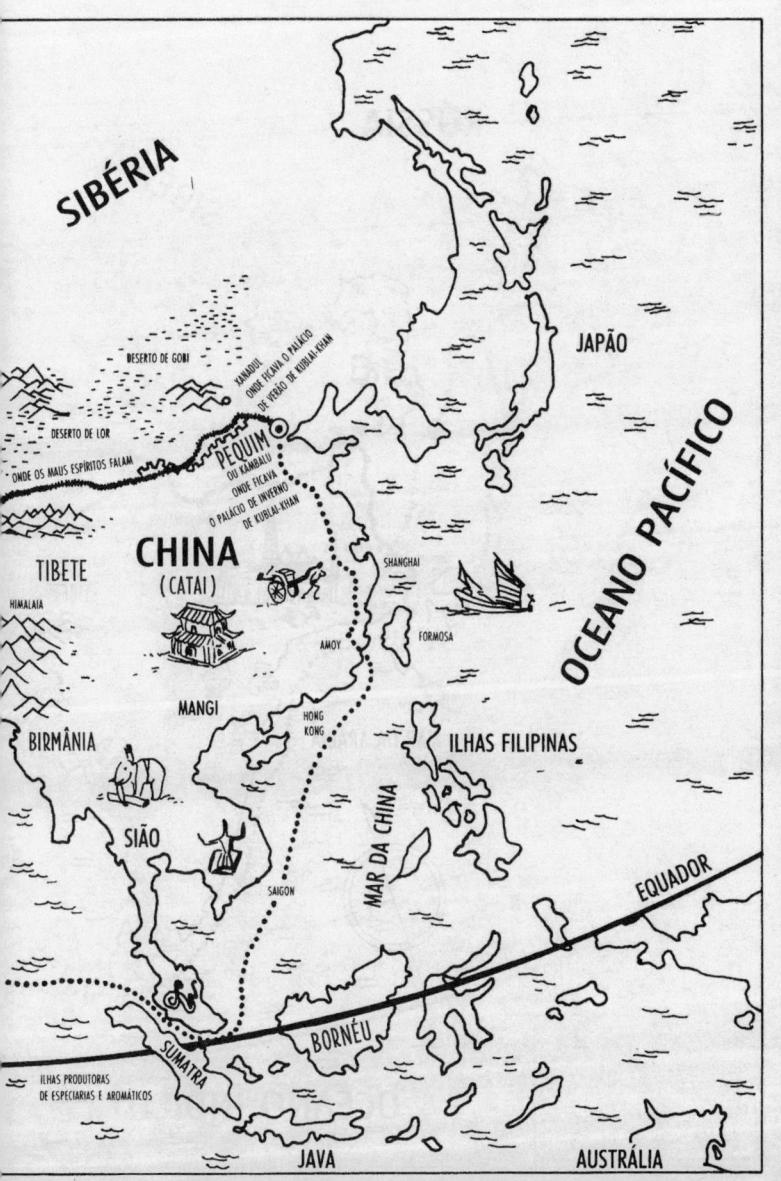

Prólogo

Cerca de vinte anos antes de descobrir o Novo Mundo, enquanto a ideia da expedição o obcecava continuamente, Cristóvão Colombo recebeu de um erudito físico florentino chamado mestre Paulo certo número de cartas nas quais se podiam ler as seguintes palavras:

Soube do nobre desejo que te anima a visitar as regiões onde crescem as especiarias (as Índias). Por isso, em resposta à carta em que me pedes minha opinião acerca do teu projeto, envio-te a cópia do que escrevi há pouco ao meu amigo Fernando Martinez, cônego de Lisboa.

Fico feliz em saber que gozas de grande crédito junto ao teu ilustre rei. Anuncias-me que, apesar de nossas frequentes conversações a respeito da rota que deve existir entre a Europa e as Índias e que creio ser muito mais curta que a trilhada habitualmente pelos portugueses, bordejando a Guiné, anuncias-me, digo, que Sua Majestade gostaria de receber mais alguns esclarecimentos sobre essa nova rota, para que suas embarcações possam tentar segui-la. Embora não tenha dúvida de que o estudo da esfera reforce a minha opinião sobre a conformação do globo, envio-te, para tornar mais compreensíveis as minhas explicações, um mapa onde tracei todas as ilhas que, a meu ver, se encontram ao longo da rota que *do Ocidente deve levar às Índias e representa a extremidade oriental do continente asiático, com as ilhas e os portos onde fundear...*

...Não te espantes que eu designe com esse nome de Ocidente as regiões onde crescem as ervas aromáticas e que hoje são vulgarmente chamadas de Oriente, pois, sendo esférica a Terra, navegando para o poente, deve-se acabar encontrando essas regiões que muita gente pretende não estender-se para além do Levante...

Essa região, consideravelmente povoada, divide-se em muitas províncias e até reinos, contendo inúmeras cidades que estão sob o domínio de um príncipe chamado Grande Khan. Ele reside a maior parte do tempo na província do Catai. Os predecessores desse príncipe muito desejaram estabelecer relações com os príncipes cristãos. Há cerca de dois séculos, um deles enviou mensageiros ao sumo pontífice, para convidá-lo a lhe ceder cientistas, doutores que o instruíssem, a ele e a seus povos, em nossa fé; mas os enviados encontraram no caminho tantos obstáculos, que tiveram de voltar sem ter cumprido a missão. (Vide Marco Polo, livro 1, cap. IV.)

Em nossos tempos, o Papa Eugênio IV (que reinou de 1431 a 1447) recebeu da parte desse soberano um embaixador que lhe recordou a estima que a sua nação tinha pelos cristãos. Encontrando-me, então, em Roma, conversei com ele sobre o seu país e, em especial, sobre a beleza das cidades, dos monumentos, dos rios que lá se encontram. Contou-me o embaixador toda espécie de coisas maravilhosas sobre a multidão de cidades, de aldeias construídas ao longo dos rios; citou-me em especial um rio que banha mais de duzentas cidades, onde se veem pontes de mármore muito amplas, ornamentadas com milhares de colunas...

Essas terras merecem, portanto, que busquemos um caminho mais fácil e curto até elas; pois dali podem vir grandes riquezas em ouro, prata, pedras preciosas, que ainda não foram trazidas para cá... Essa vasta região é, ao que parece, governada de fato por filósofos, eruditos, doutos nas artes e nas letras, que também exercem o comando dos exércitos.

Verás que a partir de Lisboa, indo por mar na direção do Ocidente, tracei os graus que superar para chegar à famosa cidade de Quittai, que mede cerca de trinta e cinco léguas de circunferência. Seu nome significa Cidade Celeste. Contam maravilhas dos homens geniais que ela deu à luz, de suas riquezas, de seus edifícios...

Assinalei também a ilha de Zipangu, a que se deve chegar primeiro e onde se encontram quantidades consideráveis de ouro, pérolas e pedras preciosas. Os templos e as moradas dos soberanos são cobertos com placas de ouro fino... É desconhecida a rota para chegar a essa ilha, mas tenho certeza de que é possível alcançá-la com toda segurança...

Ora, se o erudito florentino enviava ao "futuro almirante dos mares oceanos" essas cartas que — pelo que diz Fernando Colombo, na história que escreveu sobre os descobrimentos do pai — foram de grande e decisiva autoridade sobre suas determinações, temos a prova de que não era só às conversas com o embaixador do soberano asiático que ele devia o conhecimento das coisas por ele enumeradas para provocar o empreendedorismo do ousado navegador.

Prova disso é que, havia mais de um século e meio, tinham sido feitas reproduções bastante numerosas, em diversas línguas, do relato que o veneziano Marco Polo publicara de suas viagens e de sua longa estada naquelas longínquas terras. Os principais pormenores contidos nas cartas do erudito são, com efeito, mencionados nesse relato.

Os irmãos Nicolau e Matteo Polo, mercadores venezianos, depois de uma primeira viagem ao Oriente, retornaram momentaneamente a Veneza, de onde tornaram a partir. Um deles levava o filho Marco, então com quinze anos.[1] E retornaram apenas depois de terem passado vinte e seis anos em meio às populações asiáticas. "Tiveram", diz Pauthier, "muita dificuldade para serem reconhecidos pelos parentes e amigos que haviam deixado em sua pátria. Assemelhavam-se a tártaros pelo traje, pela figura mesma e pela linguagem, que mal era inteligível; pois tinham quase esquecido a língua materna; falavam-na com sotaque estrangeiro e, sem dúvida, também com uma singular mistura de palavras em uso nos países de onde voltavam". Não tardaram, porém, a retomar seus hábitos europeus e a se ver ainda mais estimados pela alta sociedade de Veneza por ostentarem com prazer os objetos preciosos que haviam trazido da viagem; e como, além disso, ao falarem das riquezas dos tártaros, só mencionavam milhões, sua residência recebera o nome de *casa dos milionários*, e o mais jovem jamais era chamado por outro nome senão *Marco Millioni*.

Não é necessário dizer que, em razão da opulência mesma propiciada pela viagem, deveriam obter certo

---

[1] Marco Polo, nascido em Veneza em 1251, morreu na mesma cidade em 1324.

crédito os relatos dos viajantes acerca dos países por eles visitados. Mas havia nesses relatos tantas afirmações prodigiosas, a generalidade dos fatos que constituíam o seu fundo distanciava-se tanto das realidades europeias, que suspeitavam que os três milionários não traduzissem lembranças fiéis, mas as sugestões de uma imaginação muito fértil e fantasista.

"Bem mente quem de longe vem", já dizia o provérbio, a eles habitualmente aplicado. E era com sorrisos de incredulidade que seus compatriotas os escutavam afirmar a quem quisesse ouvir as maravilhas do império longínquo. "Palavras ao ar; logo o vento as levará!"

E, de fato, logo as teria levado o vento se um dia Marco, então prisioneiro de guerra dos genoveses, não tivesse tido a ideia de ditar a um homem chamado Rusticiano, de Pisa, seu companheiro de cativeiro — que, aliás, as transcreveu no francês da época —, o relato circunstanciado de sua viagem e o quadro das coisas vistas e observadas por ele.[2]

E assim se compôs o livro que hoje reproduzimos e ainda por muito tempo foi considerado, assim como as narrativas orais dos três viajantes, apenas uma ficção muito romanesca e divertida, válida somente para fornecer temas e situações inverossímeis aos poetas e aos contadores de histórias, que, aliás, não fizeram cerimônia para nelas colher tipos de heróis e descrições imaginárias.

---

[2] Esse relato, que o veneziano intitulara simplesmente *O livro de Marco Polo*, mudou várias vezes de título nas reproduções e traduções que dele foram feitas em diversas épocas e em diversos países, como, por exemplo: *A descrição do mundo*, *O livro das maravilhas da Ásia*, *O livro de Marco Polo e das maravilhas do mundo*, *O livro dos usos e costumes das terras do Oriente*, etc.

(Em especial, Ariosto, que fala muitas vezes da rainha de Catai.)

Aos poucos, porém, a atenção e a curiosidade que o livro de Marco Polo despertou a respeito da extrema Ásia passaram a contar em seu apoio com uma série de testemunhos capazes de mudar por completo o caráter atribuído até então às extraordinárias asserções do veneziano. Ora eram viajantes que haviam verificado em diversos pontos o seu itinerário; ora cosmógrafos que reconheciam, demonstravam a exatidão dos dados topográficos; em seguida, como crescessem a facilidade e a frequência das relações, enviados de diversas cortes da Ásia, ao chegarem à Europa, confirmavam a quem quisesse ouvir as palavras do narrador.

É o caso daquele com o qual conversara o correspondente de Cristóvão Colombo. Tendo lido o livro de Marco Polo, o erudito florentino devia, naturalmente, fazer sobre ele uma espécie de questionário ao estrangeiro, que naquelas narrativas por tanto tempo consideradas absolutamente fabulosas nada achava que devesse ser desmentido.

Naquele momento, parecia que o conjunto da obra já tivesse sido testado e aprovado e que esta, deixando de ser um produto da fantasia, se tivesse tornado o mais respeitável, o mais magistral dos documentos históricos, e que devesse exercer, ademais, uma influência considerável sobre o movimento cosmográfico de um século em que, como diz um poeta historiador, "o homem, prisioneiro terrestre, enfim conseguiria dar a volta de sua prisão".

Consequência, na realidade, indireta, dessa influência foi nada menos que o descobrimento do Novo Mundo.

Como observamos, os argumentos que o erudito florentino apresentou a Cristóvão Colombo, baseados em Marco Polo, acabaram por determinar os projetos do ilustre genovês. Este, ao zarpar de Palos com suas três caravelas, não duvidava de que deveria desembarcar nos países visitados e descritos por Marco Polo: a saber, Catai (a China) ou a ilha de Zipangu (o Japão). Alguns dias depois de ter descoberto as primeiras Antilhas, escrevia em seu Diário: *fizeram-me os indígenas compreender que o ouro pendurado no nariz pode ser encontrado no interior de sua ilha; mas não o mando procurar, para não perder tempo, querendo ver se consigo chegar à ilha de Zipangu.*

E, ademais: *Assim que cheguei à ilha que chamei de Juana, segui pela costa, em direção ao Oriente; tão grande que julguei tratar-se de terra firme, ou da província de Catai.*

O erro, por maior que fosse, era explicável pelo estado dos conhecimentos possíveis na época; mas, enfim, que resultado!

O fato é que, com o passar do tempo, quanto menos raras se tornavam as comunicações entre os pontos extremos da Terra, mais se confirmava a veracidade e, portanto, o alto valor do livro de Marco Polo.

"Não é de admirar se o relato de Marco Polo tanto ocupou os eruditos", escrevia em 1826 Walchenaer em sua *História geral das viagens*. "Quando, na longa série dos séculos, procuramos os três homens que, pela grandeza e pela influência de suas descobertas, mais contribuíram para o progresso da geografia ou do conhecimento do globo, o nome modesto do viajante veneziano vem colocar-se na mesma linha que os de Alexandre Magno e de Cristóvão Colombo."

E hoje ninguém ousa contradizer essa favorável apreciação.

Por mais méritos que um homem tenha, ainda lhe falta a ajuda de certas circunstâncias para ser reconhecido. Nesse sentido, Marco Polo foi sobejamente servido.

No começo desse século XIII em que vivia, os destinos do Extremo Oriente haviam sofrido uma perturbação profunda, pelo advento do famoso Gengis Khan, que, ainda criança, tendo-se tornado chefe de um bando mongol, sucessivamente invadira e subjugara todos os grandes reinos da Ásia central. Mas o terrível conquistador, mesmo em meio às suas vitórias sobre os povos de civilização mais avançada, continuara sendo um tártaro que vivia a vida, em certo sentido, selvagem dos seus pais. Essa vida, seus primeiros descendentes continuaram a levar, ainda que, pela conquista, estivessem em contato com o estado social cujo maravilhoso quadro devia fazer parecer imaginários os relatos de Marco Polo.

Com a diferença de alguns anos, ou seja, à distância de um reinado bastante breve, teriam sido completamente diferentes tanto a acolhida do monarca como o aspecto da região e da corte em que Marco Polo foi recebido. Prova disso é o curiosíssimo relato que, neste volume, antecede o do veneziano.

Em meados do século XIII, o rei Luís, então empenhado na primeira cruzada, ouvira dizer que o Grande Khan dos tártaros mongóis, neto de Gengis, manifestara simpatias bastante formais a um príncipe cristão da Armênia. Pareceu-lhe de boa política procurar, para além dos limites do Islã por ele combatido, poderosas alianças morais, cuja influência pudesse, se necessário, fornecer um apoio eficaz às reivindicações dos povos cristãos. De Chipre, onde então estava, enviou uma embaixada, especificando bem as ideias que ela devia fazer prevalecer junto ao soberano mongol. Partiram três pobres monges, encarregados de demonstrar ao príncipe asiático todas as vantagens morais e materiais que poderiam resultar para ele e para seus povos a conversão à fé cristã ou, pelo menos, a acolhida e a proteção dos homens que viessem pregar em seu império.

Como esses monges foram recebidos pelo neto de Gengis Khan e qual foi o resultado de sua missão, é o que se verá no próprio relato de viagem escrito por um deles, Guilherme de Rubruquis, de origem flamenga, em latim, na forma de uma carta ao santo rei.

Ora, tal viagem aconteceu nos anos de 1252–1254. Na época, sobre o vasto domínio de Gengis Khan reinava Mangu Khan, que, como autêntico tártaro, conservara os gostos e os costumes do avô. Os enviados de São Luís tiveram de ir procurá-lo nos seus acampamentos de montanha e de visitá-lo na sua tenda de nômade.

Seis ou sete anos mais tarde, sucedeu a Mangu Khan seu irmão Kublai, que, tendo-se definitivamente assenhoreado das derradeiras províncias do grande império civilizado, ali se estabeleceu, assimilando, com autêntica superioridade de instinto, todas as tradições de grandeza e de magnificência da dinastia deposta. Foi na corte de Kublai e nos diversos pontos de seus opulentos domínios que viveu Marco Polo durante mais de vinte anos.

Assim se explica o contraste entre as duas narrativas. A primeira nada fica a dever à segunda, pela evidente veracidade, pelo pitoresco e pelo interesse dos quadros.

Embora a narrativa sincera do monge fale com menor vivacidade à imaginação dos leitores do Ocidente, não há dúvida de que se tivesse sido conhecida pouco após a sua redação, como aconteceu com a do veneziano, ela teria valido ao autor a honra das reproduções e das traduções que deram notoriedade universal ao livro de Marco Polo.

Mas a preciosa epístola, que talvez seu régio destinatário jamais tenha recebido, devia permanecer na sombra até por volta de fins do século XVI, quando um compilador inglês (Hakluit) a descobriu e a inseriu numa coletânea de navegações e descobrimentos. Cerca de cinquenta anos mais tarde, Pierre Bergeron, geógrafo francês, escritor bastante hábil, publicou a sua tradução francesa, que reproduzimos.

Como observamos mais acima, segundo a autoridade dos comentadores mais competentes, hoje não mais haveria dúvida de que a língua original do relato de Marco Polo teria sido o francês. Foram publicadas várias versões desse texto, uma das quais em 1845, pela livraria Didot, com notícias, observações e notas do eruditíssimo sinólogo G. Pauthier, que fez dessa publicação um verdadeiro monumento à glória do famoso navegador.

Por mais curioso e interessante que seja o texto publicado por Pauthier, segundo dois magníficos manuscritos da Biblioteca Nacional de França, que pertenceram a João, duque de Berry, irmão de Carlos V, não poderíamos pensar em reproduzi-lo numa coleção popular, onde a sua forma excessivamente arcaica teria, com certeza, desconcertado a maioria dos leitores.

Pareceu-nos preferível adotar o texto que esse mesmo Bergeron, tradutor da narrativa de Rubruquis,[3] produziu, segundo um manuscrito latino da biblioteca de Brandemburgo, que foi publicado por volta de 1670 pelo célebre orientalista André Muller, e que durante muito tempo foi considerado uma das versões mais exatas — segundo alguns, seria até mesmo o original da famosa viagem. Nesse texto, com efeito, como fica claro após um cotejo atento com as melhores edições modernas e, em especial, com a de Pauthier, nada é omitido dos fatos gerais nem dos pormenores que caracterizam a narrativa primitiva. No máximo, nota-se uma tendência à condensação das partes cujo desenvolvimento pode, num texto arcaico, oferecer interesse aos filólogos, mas tem a desvantagem de parecer inútil quando o documento se destina ao leitor comum. Todas as vezes, aliás, que a abreviação nos pareceu calar alguma indicação curiosa, por menor que fosse, tivemos o cuidado de preencher a lacuna com o auxílio dos melhores textos. O presente

---

[3] Embora ambas tragam a marca literária do tempo em que foram publicadas, cada uma dessas duas traduções — cuja extrema simplicidade e mesmo as ingênuas incorreções julgamos dever respeitar quase sempre — assumem, porém, uma forma particular, evidentemente devida à arte instintiva do tradutor, que foi capaz de se imbuir, por assim dizer, do temperamento próprio de cada um dos narradores. A primeira versão, feita a partir de um latim bastante pobre, conserva bem a humilde e comovente ingenuidade que caracteriza o mensageiro do santo rei, enquanto a segunda, embora não menos simples, é influenciada, por seu ar mais firme, da natureza e da condição do narrador. Assim se vê estabelecida uma diferença realmente interessante entre o o peregrino em traje franciscano e descalço, que só traz da visita feita às tendas dos tártaros a sua piedosa indigência, e o mercador veneziano, que, repleto de honrarias e de opulência, retorna à cidade natal para deslumbrar seus compatriotas com suas lembranças do país das maravilhas.

volume contém, portanto, sempre quanto à substância, e no mais das vezes com suas expressões simplesmente modernizadas para a leitura corrente, o verdadeiro e completo relato de Marco Polo.

Se, porém, pelas razões que acabamos de aduzir, afastamo-nos do precioso texto reproduzido por Pauthier, uma razão capital nos fez apelar, por assim dizer, para a autoridade exclusiva do erudito comentador quando se tratava das notas indispensáveis a uma obra deste gênero e, mais particularmente, em tudo que diz respeito a numerosas concordâncias geográficas. Tendo o seu vasto e magnífico estudo esclarecido em toda parte e definitivamente os pontos mais obscuros da velha narração, não podíamos deixar de recorrer continuamente a esse guia seguro. Assinalamos, ademais, com a inicial do erudito, os empréstimos textualmente tomados por nós de seu trabalho, objeto de nossa reconhecida admiração.

Eug. Muller

As viagens

MARCO POLO

LIVRO I

Capítulo I
Como Nicolau e Marco Polo partiram para o Oriente

No ano de Jesus Cristo de 1253, sob o império do príncipe Balduíno, imperador de Constantinopla,[1] dois fidalgos da ilustríssima família dos Polos, em Veneza, embarcaram num navio carregado de vários tipos de mercadorias por conta dos venezianos; e, tendo atravessado o mar Mediterrâneo e o estreito de Bósforo com vento favorável e o auxílio de Deus, chegaram a Constantinopla. Ali descansaram alguns dias e depois seguiram seu caminho pelo Ponto Euxino, e chegaram ao porto de uma cidade da Armênia, chamada Soldadie;[2] lá eles puseram em ordem as joias preciosas que traziam e se dirigiram para a corte de certo grande rei dos tártaros, chamado Barka; apresentaram-lhe o que tinham de melhor. O príncipe não desprezou os presentes; ao contrário, recebeu-os com muito prazer e lhes retribuiu com outros muito mais valiosos que os que recebera. Eles permaneceram durante um ano na corte desse rei, e em seguida decidiram voltar para Veneza. Enquanto isso, irrompeu uma grande rixa entre o rei Barka e outro rei tártaro chamado Allau, e assim chegaram às vias de fato; a fortuna favoreceu Allau, e o exército de Barka foi derrotado. Nesse tumulto, os nossos dois venezianos ficaram muito constrangidos, sem saber que partido tomar, nem por qual caminho

---

[1] Imperador de Constantinopla de 1228 a 1261.
[2] Hoje Sudak, no sudeste da Crimeia.

poderiam voltar em segurança para seu país; decidiram, por fim, fugir do reino de Barka tomando diversos atalhos. Chegaram primeiro a uma cidade chamada Guthacam,[3] e pouco depois atravessaram o grande rio; em seguida, adentraram um grande deserto, onde não encontraram nem homens nem aldeias, e chegaram, finalmente, a Bochara,[4] importante cidade da Pérsia. O rei Barach residia nessa cidade; ali permaneceram por três anos.

Capítulo II
Como foram à corte do grande rei dos tártaros

Naquele tempo, chegou a Bochara, para ali pernoitar, um grão-senhor que fora enviado da parte de Allau para o maior dos reis tártaros; e lá encontrando os nossos dois venezianos, que já sabiam falar o tártaro, ficou extremamente contente, e tentou descobrir um meio de convencer esses ocidentais, nascidos entre os latinos, a vir com ele, sabendo muito bem que isso daria muito prazer ao imperador dos tártaros. Por isso, rendeu-lhes grandes homenagens e lhes deu ricos presentes, sobretudo quando reconheceu, pelas maneiras e pela conversação, que eram dignos deles.

Nossos venezianos, por outro lado, ponderando que lhes era impossível, sem grande perigo, voltar para seu país, resolveram ir com o embaixador encontrar o

---

[3] Hoje Aukak sobre o Volga.
[4] Para chegar até lá, deixam as margens do Volga, atravessam o mar Cáspio e contornam o mar de Aral.

imperador dos tártaros, levando ainda consigo alguns outros cristãos que trouxeram de Veneza. Partiram, então, de Bochara; e, depois de vários meses de marcha, chegaram à corte de Kublai,[5] o maior rei dos tártaros, também conhecido como o Grande Khan, que significa rei dos reis.[6] Ora, a razão pela qual durou tanto a viagem é que, como caminhavam por terras muito frias, voltados para o setentrião, as inundações e as neves haviam destruído de tal modo os caminhos, que muitas vezes eram obrigados a se deter.

Capítulo III
Com que bondade foram recebidos pelo Grande Khan

Tendo, pois, sido levados à presença do Grande Khan, foram por ele recebidos com grande bondade; fez-lhes perguntas sobre diversos assuntos, principalmente sobre os países ocidentais, o imperador romano e outros reis e príncipes, e sobre como se comportavam no governo, tanto militar como político; e como conservavam entre si a paz, a justiça e o bom entendimento. Informou-se também sobre os costumes e o jeito de viver dos latinos; mas sobretudo quis saber o que eram a religião cristã e o papa, seu chefe. Ao que, tendo os nossos venezianos respondido da melhor maneira que

---

[5] Kublai Khan ou Chi-Tsu, imperador mongol neto do famoso Gengis Khan, fundador da vigésima dinastia. Reuniu a China ao seu império, que compreendia, assim, a Tartária, o Begu, o Tibete, o Tonquim, etc. (1214 a 1294).

[6] Segundo Rubruquis, a designação *khan* teria o significado de adivinho.

lhes foi possível, o imperador ficou tão contente, que os escutava com prazer e os convidava com frequência à sua corte.

Capítulo IV
São enviados ao pontífice de Roma pelo Grande Khan

Certo dia, tendo-se aconselhado com os principais de seu reino, o Grande Khan pediu a nossos venezianos que fossem de sua parte até o papa, e lhes deu como auxiliar um de seus barões, por nome Gogaca, homem de mérito e um dos primeiros de sua corte. Tinham como missão pedir ao Santo Padre que lhes enviasse cem homens sábios e bem instruídos na religião cristã, para demonstrarem a seus doutores que a religião cristã é a melhor de todas as religiões e a única que leva à salvação; e que os deuses dos tártaros não passam de demônios, que se impuseram aos povos orientais para se fazerem adorar. Pois, como esse imperador havia aprendido muitas coisas da fé cristã e como soubesse com que teimosia os seus doutores tratavam de defender a religião deles, estava indeciso, sem saber onde encontrar a salvação, nem qual fosse o bom caminho. Nossos venezianos, depois de terem recebido com respeito as ordens do imperador, prometeram-lhe cumprir fielmente a missão e apresentar suas cartas ao pontífice romano. Entregou-lhes o imperador, de acordo com o costume do império, uma plaquinha de ouro, na qual estavam gravadas as armas reais, para servir a eles e a toda a comitiva de passaporte e salvo-conduto em todas as terras de seu domínio, e à vista da qual todos os governadores deveriam subvencioná-los e fazê-los escoltar nos passos perigosos; em suma, fornecer-lhes, a expensas do imperador, tudo aquilo de que precisassem para a viagem. Pediu-lhes também o imperador que lhe trouxessem um pouco do óleo da lâmpada acesa diante do sepulcro do Senhor em Jerusalém, na certeza de que ele lhe seria muito proveitoso, se Jesus Cristo fosse o Salvador do mundo. Os dois se despediram do imperador e se puseram a caminho; mas mal haviam percorrido vinte milhas a cavalo, e Gogaca, seu auxiliar, ficou gravemente doente. Tendo discutido o assunto, resolveram deixá-lo ali e prosseguir a viagem, durante a qual foram bem recebidos em toda parte, graças ao selo do imperador. Foram, porém, obrigados a percorrer a pé vários trechos, por causa das inundações; por isso se passaram mais de três anos até que pudessem chegar ao porto de uma cidade dos armênios chamada Laias;[7] de Laias foram a Acre,[8] no ano de Nosso Senhor de 1269, no mês de abril.

Capítulo V
Aguardam a eleição de novo pontífice

Chegando à cidade de Acre, são informados de que o Papa Clemente IV falecera[9] havia pouco e que ainda não se elegera outro em seu lugar, o que muito os afligiu. Havia em Acre um legado da Santa Sé chamado

---

[7] Cidade da Turquia asiática, no golfo de Alexandreta (Iskenderun), ao norte de Alepo. Acredita-se que seja a antiga Egeia.
[8] São João de Acre, a antiga Ptolemaida, cidade da Síria.
[9] Em 1268.

Teobaldo, conde de Piacenza, ao qual disseram terem sido enviados pelo Grande Khan e lhe expuseram o objetivo de sua missão; o legado era de opinião que eles aguardassem a eleição do novo papa. Foram, pois, a Veneza e permaneceram com seus parentes e amigos, na espera da eleição do novo pontífice. A esposa de Nicolau Polo falecera, mas ele encontrou com boa saúde seu filho Marco, então com quinze anos de idade, que é o autor deste livro. No entanto, a eleição do novo pontífice arrastou-se por três anos.

Capítulo VI
Retornam ao rei dos tártaros

Dois anos depois de voltarem à pátria, os dois irmãos, temendo que o imperador dos tártaros se inquietasse com tão longa demora, partiram para Acre ao encontro do legado, levando consigo Marco Polo, para que ele os acompanhasse em tão longa viagem. O legado deu-lhes cartas para o imperador dos tártaros, nas quais a fé católica era explicada com clareza; depois disso, os nossos viajantes dispuseram-se a voltar ao Oriente; mas estavam ainda muito perto de Acre quando o legado recebeu cartas dos cardeais, pelas quais lhe era comunicado que ele havia sido eleito ao sumo pontificado.[10] De imediato, ele mandou correndo mensageiros aos nossos venezianos, avisando-lhes que adiassem a viagem, dando-lhes outras cartas para o imperador dos tártaros e,

---

[10] Teobaldo Visconti, eleito papa com o nome de Gregório X, em 1271.

como companhia, dois frades pregadores de reconhecida probidade e capacidade, que se achavam então em Acre: um se chamava Nicolau e o outro, Guilherme de Trípoli. Partiram, então, todos juntos e chegaram a um porto do mar da Armênia. E como naquela época o sultão da Babilônia[11] invadira com violência a Armênia, os nossos dois irmãos começaram a ficar apreensivos. Para evitar os perigos das estradas e as sinistras aventuras das guerras, refugiaram-se na casa do mestre de um templo na Armênia; pois já mais de uma vez haviam corrido risco de vida. Expuseram-se, no entanto, a toda espécie de perigos e de trabalhos, e tiveram muita dificuldade para chegar a uma cidade sob o domínio do imperador dos tártaros, chamada Cleminfu.[12] Pois, como a viagem acontecera no inverno, fora muito dura, sendo eles com frequência detidos pela neve e pelas inundações. O rei Kublai, informado do retorno, embora ainda estivessem muito longe, enviou mais de quarenta mil de seus homens para cuidarem de lhes fornecer tudo aquilo de que precisassem.

Capítulo VII
Como os venezianos são recebidos pelo imperador dos tártaros

Tendo, pois, sido introduzidos na corte, prosternaram-se com o rosto contra o chão diante do rei, segundo

---

[11] Babilônia por Egito.
[12] Ou Chang-Fu. Essa cidade, que o Grande Khan mandara construir, situava-se na Mongólia, ao norte da Grande Muralha, a 700 li ou 70 léguas de Pequim. Era a residência de verão do soberano. Hoje está em ruínas.

o costume da terra, pelo qual foram recebidos com grande bondade. Pediu que se erguessem e lhe contassem o que lhes acontecera durante a viagem e como fora sua missão junto ao sumo pontífice; eles lhe relataram tudo com ordem, e lhe apresentaram as cartas que traziam consigo. O rei ficou extremamente contente e muito elogiou a exatidão deles. Também lhe entregaram o óleo da lâmpada do Santo Sepulcro, que ele mandou guardar num lugar de honra. E tendo sido informado de que Marco era filho de Nicolau, recebeu-o muito bem; e tratou tão bem os três venezianos, a saber, o pai, o filho e o tio, que todos os cortesão sentiram ciúmes, embora lhes rendessem muitas homenagens.

Capítulo VIII
Como Marco Polo se tornou agradável ao Grande Khan

Marco logo se acostumou com as maneiras da corte do imperador dos tártaros. E, tendo aprendido as quatro diferentes línguas dessa nação, de tal modo que podia não só lê-las, mas também escrevê-las, ele se tornou querido por todos, mas em especial pelo imperador, que, para fazer brilhar sua prudência, o encarregou de um negócio num país distante, onde não se podia chegar em menos de seis meses. Ele cumpriu sua missão com muita sabedoria e conquistou muitos elogios e as boas graças do príncipe. E, ciente de que o imperador tinha curiosidade pelas novidades, teve o cuidado de se informar, em todas as terras por que passou, sobre os costumes dos homens, sobre as diversas espécies e a natureza dos animais, o que em seguida relatava ao imperador, e com isso conquistou de tal maneira a amizade dele, que, embora tivesse só dezessete anos, o rei se servia dele nos mais importantes negócios do reino, enviando-o às diversas partes do seu vasto império. Depois de resolver os negócios de sua missão, passava o resto do tempo observando as propriedades do país; notava a situação das províncias e das cidades, o que havia de extraordinário ou o que acontecera nos diferentes lugares por que passava, e punha tudo isso por escrito. E foi assim que nos proporcionou a nós, ocidentais, o conhecimento do que será a matéria do segundo livro.

Capítulo IX
Depois de passarem muitos anos na corte do Grande Khan, têm permissão para voltar a Veneza

Depois de permanecerem por algum tempo na corte do Grande Khan, levados pelo desejo de rever a pátria, pediram permissão ao rei para voltarem a ela, o que tiveram muita dificuldade de obter, porque ele os via com prazer. Aconteceu nesse tempo que o rei das Índias, chamado Argon, enviou três homens de importância à corte do grande Kublai, por nome Culatai, Ribusca e Coila, para lhe pedirem em casamento uma jovem de sua linhagem, já que a mulher desse rei, Balgana, morrera havia pouco. Ao morrer, ela inserira no testamento e rogara ao marido que jamais tornasse a casar, a não ser com uma jovem de sua família. Assim, o rei Kublai lhes concedeu o que pediam, e escolheu como esposa do rei Argon uma jovem de sua linhagem, chamada

Gogatim, de dezessete anos de idade, que ele lhes confiou para que a escoltassem. Cientes do ardente desejo dos venezianos de voltar para seu país, os enviados, ao partir, pediram ao rei Kublai que, em honra do rei Argon, ele lhes permitisse partir com eles e acompanhar a rainha até as Índias, de onde poderiam seguir viagem até seu país. O imperador, pressionado por essa solicitação e pelo pedido dos venezianos, concedeu-lhes, ainda que a contragosto, o que pediam.

Capítulo X
Retorno a Veneza

Deixaram, então, a corte de Kublai e embarcaram numa frota de quatorze navios carregados de armas e mantimentos; cada navio tinha quatro mastros e quatro velas. Eles receberam, ao embarcar, duas plaquinhas de ouro, ornadas com as armas do rei, que deveriam mostrar a todos os governantes das províncias de seu império, e em virtude das quais estes lhes deviam fornecer provisões e outras coisas necessárias para a viagem. Deu-lhes o rei, como auxiliares, embaixadores tanto para o sumo pontífice quanto para alguns outros príncipes cristãos. E, depois de três meses de navegação, chegaram a uma ilha chamada Jana, e dali, atravessando o mar Índico, depois de muito tempo, chegaram ao palácio do rei Argon. Apresentaram-lhe a moça que ele deveria tomar como esposa, mas ele mandou que ela fosse desposada pelo filho. Dos seiscentos homens enviados pelo rei para escoltar a nova rainha, muitos morreram no caminho e deixaram saudades. Nossos venezianos, então, e os embaixadores que os acompanhavam partiram, depois de obterem do vice-rei, por nome Acata, que governava o reino durante a minoridade, duas outras plaquinhas de ouro, conforme o costume do país, para lhes servir de salvo-conduto em todo o reino. Saíram, assim, sãos e salvos e com muita honra daquele país; e, após longa viagem e muitas tribulações, chegaram, com a ajuda de Deus, a Constantinopla e de lá partiram para Veneza, em boa saúde, cobertos de honras e de riquezas, no ano de Nosso Senhor de 1295, agradecendo a Deus por tê-los conduzido em meio a tantos perigos até a sua querida pátria. Foi preciso contar estas coisas já logo de início, para que se saiba como e quando Marco Polo, autor desta narrativa, foi informado de tudo que conta e de todas as coisas que serão descritas nos capítulos seguintes.

Capítulo XI
Da Armênia Menor

Depois de mencionar as nossas viagens em geral, convém agora passar ao particular e descrever cada país por que passamos apenas rapidamente. A Armênia Menor, portanto, que foi a primeira em que entramos, é governada com muita justiça e economia; o reino tem muitas cidades, burgos e aldeias; a terra é fértil, e nada falta do que é necessário à vida; a caça é abundante, tanto em animais como em aves; o ar é puro e leve. Outrora os habitantes eram bons guerreiros; hoje, porém, chafurdam na preguiça e só se dedicam à embriaguez e ao luxo. Há nesse reino uma cidade marítima, chamada Laias, cujo porto é excelente; está repleta de mercadores de todo tipo de país, e até de Veneza e de Gênova; por assim dizer, é o armazém de diversas mercadorias preciosas e de todas as riquezas do Oriente, em especial de todo tipo de perfume. Essa cidade é como a porta de entrada para as terras orientais.

Capítulo XII
Da província da Turquia

A Turquia é uma província de povos mesclados: pois é composta de turcos, gregos e armênios. Os turcos têm uma língua particular, professam a lei detestável de Maomé; são ignorantes, rústicos e vivem em sua maioria nos campos, ora sobre as montanhas, ora nos vales, ali onde encontram pastagens: pois suas grandes riquezas consistem em rebanhos de cavalos; têm também mulas, que são muito apreciadas. Os gregos e os armênios que habitam entre eles também têm cidades e aldeias, e trabalham a seda. Entre as várias cidades que possuem, as mais consideráveis são Sovas, Cesareia e Sebasta, onde o bem-aventurado Basílio sofreu martírio pela fé em Jesus Cristo. Esses povos só reconhecem um único senhor de todos os reis dos tártaros.

Capítulo XIII
Da Armênia Maior

A Armênia Maior é a maior de todas as províncias que pagam tributo aos tártaros; é cheia de cidades e aldeias. A capital chama-se Arzinga; nela se fazem excelentes "buchiramus".[13] Tem também fontes numerosas, cujas águas são saudáveis para o banho e para a cura de vários tipos de enfermidades. As cidades mais importantes, depois da capital, são Erzerum e Darzirim. Muitos tártaros vêm passar o verão em seu território, para gozar do frescor e da utilidade das pastagens, e só saem no inverno, por causa das grandes neves e das inundações. Foi no alto das montanhas dessa província[14] que foi parar a arca de Noé depois do dilúvio. Ela tem ao oriente a província dos georgianos. Para o norte, encontra-se uma grande fonte de que jorra um líquido semelhante ao óleo; não serve para comer, mas é bom para queimar e para qualquer outro uso; o que faz que as nações vizinhas venham prover-se dele, e até carregar com ele muitas embarcações, sem que a fonte, que jorra continuamente, pareça diminuir de modo algum.[15]

Capítulo XIV
Da província da Geórgia

A província da Geórgia paga tributo ao rei dos tártaros e o reconhece como soberano. Os georgianos são homens belos, bons guerreiros e de grande habilidade no uso do arco; são cristãos de rito grego; usam cabelo curto, como os religiosos do Ocidente. É província

---

[13] Tecido que se tornou célebre com o nome francês de *bougran*.
[14] Sobre o monte Ararat. Segundo uma lenda local, os destroços da arca ainda estão sobre essa montanha.
[15] O petróleo, produzido em grande abundância na península de Baku, no mar Cáspio.

de difícil acesso, sobretudo da parte do oriente, pois o caminho é muito estreito e bordejado de um lado pelo mar, e do outro pelas montanhas. É preciso passar por esse caminho, com quatro léguas de extensão, antes de entrar no país, o que faz que se possa, com pouca gente, impedir a entrada de um grande exército. Os habitantes têm muitas cidades e castelos; sua principal riqueza é a seda, com que fabricam ricos tecidos. Alguns se dedicam aos trabalhos mecânicos, outros às mercadorias. A terra é bastante fértil. Eles contam uma coisa admirável de sua terra: dizem que há um grande lago, formado pela queda das águas das montanhas, que costumam chamar de mar de Chelucelam.[16] Esse lago tem cerca de seiscentas milhas; a cada ano, ele só dá peixe na quaresma, até o sábado santo; esse lago está distante doze milhas de todas as outras águas.

Capítulo XV
No reino de Mossul

O reino de Mossul fica no oriente; ele se limita em parte com a Armênia Maior. É habitado pelos árabes, que são maometanos; há também muitos cristãos,

---

[16] O mar Cáspio, que, mal conhecido na época, era objeto de muitas lendas.

divididos em nestorianos e jacobinos,[17] que têm um grande patriarca que chamam de *católico*; ele ordena arcebispos, abades e todos os outros prelados, que depois envia a todas as terras do Oriente, como faz o papa de Roma nos países latinos. Fabricam-se ali preciosos tecidos de ouro e seda. Além disso, há nas montanhas desse reino certos homens chamados cárdis [os curdos], alguns dos quais são nestorianos, outros jacobinos e outros ainda maometanos; são grandes ladrões.

---

[17] Nestório, sírio que ocupou a sé episcopal de Constantinopla no começo do século V, foi o promotor de uma doutrina referente em particular à natureza divina e humana do Redentor. Ensinava que havia em Jesus Cristo duas pessoas, Deus e o homem, que o homem havia nascido da Virgem Maria, e não de Deus; consequência disso era que não havia união pessoal entre o Verbo divino e a natureza humana e que, portanto, entre Deus e o homem em Cristo, havia apenas uma união moral, análoga à que existe entre cada justo e Deus, só que num grau mais eminente. Tais proposições, que de fato constituíam a negação do caráter absolutamente divino de Jesus Cristo, dogmaticamente reconhecido pela Igreja romana, causaram grandes perturbações na cristandade. Vários concílios condenaram o erro de Nestório, que foi deposto de sua sé, para ser relegado primeiro a Petra e em seguida a um oásis na Líbia, onde morreu sem ter abjurado sua doutrina. As ideias de Nestório, porém, haviam deixado muitos adeptos. Proscritos pelos imperadores, os nestorianos se retiraram para o império persa, onde foram bem recebidos, e fundaram primeiro em Selêucia, depois em Mossul, um florescente patriarcado. Dali sua doutrina se expandiu cada vez mais por todo o Oriente, o que explica que Marco Polo assinale, como veremos, a existência de cristãos nestorianos até quase o centro do império mongol. — Os jacobinos ou jacobitas são assim chamados por serem discípulos do monge Jacó Zanzalo, que, em meados do século VI, sendo bispo de Edessa, restaurou a doutrina de Eutíquio. Este, contemporâneo e adversário de Nestório, professava que em Jesus Cristo a natureza divina absorvera e destruíra a natureza humana. A doutrina dos eutiquianos ou monofisitas foi condenada pelo concílio de Calcedônia, em 451.

Capítulo XVI
Da cidade de Baldachi

Há nessas terras uma cidade considerável, chamada Baldachi [Bagdá], onde reside o grande prelado dos sarracenos, por eles chamado califa. Não há cidade mais bela em toda a região. Ali se fabricam belíssimos tecidos de seda e ouro, de vários estilos. No ano de 1250, Hulagu, grande rei dos tártaros, impôs o cerco a essa cidade e a pressionou com tanta energia, que acabou por tomá-la. Havia, na época, mais de cem mil guerreiros no lugar; mas Hulagu era muito mais forte que eles. Além disso, o califa, que era o senhor da cidade, tinha uma torre repleta de ouro e prata, de pedras preciosas e de outras coisas de grande valor; mas em vez de se servir de seus tesouros e de distribuí-lo aos soldados, sua avareza fez que perdesse tudo junto com a cidade. Pois o rei Hulagu, ao tomar a cidade, prendeu esse califa na torre onde guardava o tesouro, com a ordem de não lhe darem nem de beber nem de comer, dizendo-lhe: "Se não tivesses guardado esse tesouro com tanta avareza, poderias ter conservado a tua liberdade e a tua cidade; goza, então, dele à vontade; bebe-o e come-o, se puderes, pois é o que mais amaste". Assim é que aquele miserável morreu de fome junto ao seu tesouro. Passa pela cidade um grande rio [o Tigre], que vai desembocar no mar das Índias, de cuja foz essa cidade está distante dezoito milhas; assim, a ela é levado todo tipo de mercadorias das Índias, e em abundância.

Capítulo XVII
Da cidade de Taurisium

Há também na Armênia a célebre cidade de Taurisium [Tauris], muito famosa por toda espécie de mercadorias, entre outras as belas pérolas, os tecidos de ouro e seda e outras coisas preciosas. E por ter uma localização vantajosa, afluem à cidade mercadores de todas as partes do mundo, a saber, das Índias, de Baldachi, de Mosul e de Cremesor. Vêm também comerciantes dos países ocidentais, pois há muito que ganhar e os mercadores ali se enriquecem. Os habitantes são maometanos, embora também haja jacobinos e nestorianos. Ao redor dessa cidade há belíssimos e agradabilíssimos jardins, que dão excelentes frutos, e em abundância.

Capítulo XVIII
De como certa montanha foi transportada para outro lugar

Naquele país, há uma montanha, não longe de Taurisium, que foi transportada para outro lugar pelo poder de Deus, na situação que vou contar.[18] Certo dia, os sarracenos, querendo desprezar o Evangelho de Jesus Cristo e ridicularizar sua doutrina, disseram: "Sabeis que está no Evangelho: Se tivésseis uma fé do tamanho de um grão de mostarda, diríeis a esta montanha: vai para

---

[18] Vale lembrar que o nosso viajante se limita aí — como, aliás, o fará com frequência daí em diante — a relatar o que se diz nos lugares que visita.

lá, e ela iria, e nada seria impossível para vós. Agora, então, se vossa fé for verdadeira, movei esta montanha para outro lugar". E como os cristãos estavam sob o domínio deles, viram-se na necessidade de ou mover a montanha ou abraçar a lei de Maomé; ou, se não quisessem fazer nem uma coisa nem outra, correriam risco de morte. Um fiel servidor de Jesus Cristo, então, exortando seus companheiros a terem confiança em Deus, e depois de ter feito sua oração com fervor, mandou a montanha mover-se para outro lugar. Foi o que aconteceu, para grande espanto daqueles infiéis, que, vendo tamanho milagre, se converteram, e muitos sarracenos abraçaram a fé de Jesus Cristo.

Capítulo XIX
Do país dos persas

A Pérsia é uma província muito grande e muito extensa; foi outrora muito célebre e renomada; hoje, porém, que os tártaros a têm sob seu domínio, muito perdeu de seu brilho.[19] Ocupa, no entanto, um lugar importante entre as províncias vizinhas, pois contém oito reinos. Há nesse país belos e grandes cavalos, que chegam a ser vendidos a duzentas libras tornesas cada um. Os mercadores levam-nos às cidades de Chisi e de Curmosa [Kormus], que ficam à beira-mar, de onde os transportam para as Índias. Há também belíssimos asnos, que são vendidos por até trinta marcos de prata;

---

[19] Arrasada pelos tártaros, que derrubaram a dinastia dos Kharem Chal, que haviam sucedido aos selêucidas.

mas os homens desse país são muito maus; briguentos, ladrões, homicidas e professam a religião de Maomé. Os mercadores são aqui e ali assassinados por esses ladrões, quando não viajam em bandos. Nas cidades, há, porém, ótimos artesãos, excelentes no trabalho da seda, do ouro e das plumas. Abundam no país o farelo, o trigo, a cevada, o milho e todo tipo de grão. Há também frutas e vinho.

Capítulo XX
Da cidade de Jasdi

Jasdi[20] é uma cidade grande, no mesmo país, na qual são fabricadas muitas mercadorias. Nela se encontram também artesãos hábeis que trabalham a seda. Os habitantes também são maometanos. Para além de Jasdi, ao longo de sete milhas, não se encontra nenhuma casa até a cidade de Kerman. São paragens campestres e cobertas de matas, muito propícias à caça. Nelas se encontram grandes asnos selvagens em abundância.

Capítulo XXI
Da cidade de Kerman

Kerman é uma cidade de grande renome, onde se encontram muitas dessas pedras preciosas vulgarmente chamadas de "turchici" ou turquesas. Há também aqui minas de aço e antimônio. Há igualmente excelentes

---

[20] Provavelmente Yezd, entre Chiraz e Isfahan.

falcões, cujo voo é muito veloz, mas são menores que os estrangeiros. Kerman tem artesãos de várias ordens, que fabricam grande quantidade de rédeas, esporas, selas, espadas, arcos, aljavas e outros instrumentos, conforme o costume do país. As mulheres trabalham com bordados, e fazem cobertores e travesseiros curiosíssimos. De Kerman se segue por uma vasta planície e, depois de sete dias de viagem, chega-se a uma descida que termina em dois dias, e isso de tal maneira que o pé do caminhante sempre pende para baixo. Encontram-se nessa planície muitas perdizes, bem como castelos e cidades; na descida íngreme há muitas árvores frutíferas; mas nenhuma morada ou casa, a não ser as dos pastores. Nessa região, o inverno é tão frio que não se pode permanecer ali.

Capítulo XXII
Da cidade de Camandu e do país de Reobarle

Depois disso, se chega a uma grande planície, onde fica uma cidade chamada Camandu.[21] Foi outrora grandiosa, mas os tártaros a arruinaram. A região conservou o seu nome; nela se encontram tâmaras em abundância, pistaches, bananas e muitas outras frutas que não crescem entre nós. Há nessa terra certas aves chamadas galinhas-do-mato, cuja plumagem é uma mistura de preto e branco, e têm os pés e o bico vermelhos. Há também bois enormes, em sua maioria brancos, com chifres curtos e pouco aguçados, e uma corcova nas

---

[21] Nenhum comentador conseguiu dizer a que cidade o autor se refere aí.

costas,²² como os camelos, o que os torna tão fortes, que com facilidade se acostumam a carregar pesados fardos; e quando são carregados, também se ajoelham, como os camelos; uma vez carregados, eles se levantam, sendo cedo adestrados a isso. Os carneiros dessa terra têm o tamanho de um asno, com caudas tão longas e tão grossas, que chegam a pesar até trinta libras.²³ São belos, gordos e de excelente sabor. Há também nessa planície muitas cidades e aldeias, cujas muralhas, porém, são só de barro, mal construídas, embora bastante fortes. Pois reinam nessas terras uns bandidos, os Caraons, que têm um rei. Esses ladrões se valem, em suas patifarias, de certos encantamentos. Quando vão fazer suas incursões, com sua arte diabólica fazem que o dia seja coberto de trevas durante esse tempo, e por isso não podem ser avistados, nem, portanto podem ser tomadas precauções contra eles, e eles têm o poder de fazer que essas trevas durem seis ou sete dias, durante os quais percorrem os campos, em bandos de até dez mil homens. Acampam como os exércitos, e, quando se dispersam, eis o que fazem: tomam tudo que veem pela frente, animais e pessoas; vendem os jovens e matam os velhos. Eu, Marco, que escrevo estas coisas, topei uma vez com eles; felizmente, não estava longe de um castelo chamado Canosalim, aonde mal tive tempo de fugir;

---

²² É o zebu, o *Bos indicus* dos naturalistas.
²³ *Ovis laticaudata* . — A parte caudal desses animais torna-se por vezes tão volumosa que, para evitar que ela se rompa ao se arrastar pela terra, eles são atrelados a um tipo de carrinho, destinado a sustentar essa fenomenal cauda.

enquanto isso, muitos da minha escolta caíram nessa cilada diabólica, e foram ou vendidos ou assassinados.[24]

Capítulo XXIII
Da cidade de Cormos

Essa planície de que acabamos de falar estende-se para o sul por cerca de cinco milhas; há um trecho do caminho onde somos obrigados a seguir sempre descendo. É uma trilha muito ruim e cheia de ladrões e perigos. Por fim se chega a uns belos campos, que se estendem por duas milhas. Essa terra é abundante em riachos e palmeiras. Há também grande quantidade de todo tipo de aves, mas principalmente papagaios, que não se veem ao longo da costa. Dali se chega ao oceano, à beira do qual se ergue uma cidade chamada Cormos,[25] com um bom porto, onde desembarcam muitos mercadores, trazendo das Índias toda espécie de mercadorias, como perfumes, pérolas, pedras preciosas, tecidos de seda e ouro e dentes de elefante. É cidade real, tendo sob sua dependência outras cidades e muitos castelos. A terra é quente e malsã. Quando morre um mercador ou um estrangeiro naquele país, todos os seus bens são confiscados em prol do rei. Fabricam vinho de tâmara ou de outros tipos de fruta, que é muito bom; entretanto, quando não se está acostumado, provoca

---

[24] Segundo os comentadores, é preciso ver nesses bandidos, que deviam, provavelmente, à sua extrema crueldade as lendas difundidas a seu respeito, numerosas tribos vindas do norte da China e que, durante muitos séculos, devastaram ora uma região, ora outra. (P.)

[25] Hormuz, na entrada do golfo Pérsico.

diarreia; mas, pelo contrário, quando nos acostumamos a ele, engorda extraordinariamente. Os habitantes do país não se alimentam de pão nem de carne, mas de tâmaras, de peixe salgado e de cebola. Têm embarcações, mas não muito seguras, sendo montadas só com cavilhas de madeira e cordas feitas com a casca de certas madeiras das Índias. Tais cascas são preparadas mais ou menos como o cânhamo. Fazem-se com elas filaças, e com essa filaça cordas muito fortes, que podem resistir ao ímpeto das águas e da tempestade; elas têm como propriedade não apodrecerem e não se desgastarem na água.[26] Tais embarcações têm só um mastro, uma vela, um timão e um só convés. Não são untadas com piche, mas com óleo de peixe. E quando viajam para as Índias, levando cavalos e muitas outras cargas, usam numerosas embarcações. Pois o mar é tempestuoso e as embarcações não têm armação de ferro. Os habitantes desse país são negros e maometanos; no verão, quando o calor é insuportável, não permanecem nas cidades, mas têm fora dela lugares com vegetação rodeados de água, onde se retiram para se refrescar do ardor do sol. Muitas vezes também bate um vento forte e ardente, que vem

---

[26] Um trecho de Chardin, que escreveu no século XVII, confirma e explica essas asserções de Marco Polo. Os barcos de que se servem no golfo Pérsico, e por eles chamados de *chambouc*, são altos, longos, estreitos. São feitos dessa árvore que dá o coco e com a qual, segundo dizem, se pode fazer um barco e carregá-lo ao mesmo tempo: o corpo do barco sendo feito com o corpo da árvore, as velas e o cordame com a casca e fornecendo o fruto da árvore o carregamento da embarcação. O mais notável é que as pranchas dos barcos são costuradas com uma espécie de corda e untadas com cal, na falta de piche, o que faz que essas embarcações pouco resistam no mar.

de certo deserto arenoso;²⁷ então, se não fugissem para outra parte, seriam sufocados, mas assim que começam a sentir que ele se aproxima, correm para onde há água e mergulham nela; e assim evitam o ardor funesto daquele vento. Também acontece naquele país de só semearem a terra no mês de novembro, e só colherem no começo de março, que também é o tempo em que as frutas podem ser espremidas. Pois, tão logo passa o mês de março, as folhas das árvores e as ervas secam pelo calor excessivo do sol, e assim, durante o verão, não se vê nenhuma folha verde, a não ser à margem das águas. É costume do país, quando morre algum chefe de família, que a viúva o chore durante quatro anos, uma vez por dia. Os pais e os vizinhos também estão presentes na casa, lançando altos gritos, para mostrarem a dor que sentem pela morte.

Capítulo XXIV
Da região que fica entre as cidades de Cormos e de Kerman

Para falar também dos outros países, é preciso deixar as Índias e voltar a Kerman, e em seguida falar com ordem das terras que vi e percorri. Indo, pois, para o norte da cidade de Cormos, rumo a Kerman, encontramos uma bela e ampla planície, que produz tudo que é necessário à vida; há, sobretudo, trigo em

---

²⁷ Esse vento, que vem do deserto do Beluchistão, é chamado em persa "o vento pestífero". A região, aliás muito erma, que toca essa parte do golfo Pérsico é, por assim dizer, inabitável durante os tórridos rigores do verão.

abundância. Os habitantes também têm tâmaras e excelentes frutas em quantidade; dispõem também de banhos muito saudáveis, para a cura de diversos tipos de enfermidades.

Capítulo XXV
Do país que fica entre Kerman e a cidade de Cobinam

Indo, em seguida, de Kerman a Cobinam [Kabis?], deparamo-nos com uma estrada muito problemática. Pois, além de demorar sete dias para ser atravessada, nela não se encontra água, ou muito pouca. E ainda é muito salgada e amarga, de cor verde, como se fosse um suco de ervas; e quando bebida causa diarreia. O mesmo acontece quando se usa o sal feito com essa água. É, portanto, conveniente que os viajantes levem consigo outra água, se não quiserem correr o risco de morrer de sede. Até os animais têm horror dessa água, quando são obrigados a bebê-la; e, depois de bebê-la, logo sentem os mesmos males que os homens. Não há nesses desertos nenhuma população de homens ou animais, salvo os onagros ou asnos selvagens, não produzindo a terra nem o que comer nem o que beber.

Capítulo XXVI
Da cidade de Cobinam

Cobinam é uma cidade grande, rica em ferro, aço e antimônio. Lá são fabricados também imensos e belíssimos espelhos de aço. Também se fabrica um unguento para as doenças dos olhos, que é como uma espécie de esponja, e se fabrica assim: dispõem nesse país de minas de onde tiram a terra e a levam aos fornos; o vapor que sobe vai para esse recipiente de ferro e se torna matéria, coagulando; a matéria mais grosseira dessa terra, que permanece no fogo, é chamada de esponja. Os habitantes dessa região são maometanos.[28]

Capítulo XXVII
Do reino de Trimochaim e da árvore do sol, chamada pelos latinos de "árvore seca"

Antes de deixar para trás a cidade de Cobinam, encontramos outro deserto muito árido, que não tem árvores nem frutos e cuja travessia demora oito dias; a pouca água que nele há é muito amarga, e por isso nem os cavalos podem bebê-la. Os viajantes devem levar consigo água, se não quiserem morrer de sede. Depois de ter atravessado esse deserto, entra-se no reino de Timochaim, onde há muitas cidades e castelos. Limita-se esse reino ao norte com a Pérsia. Cresce na planície desse reino uma árvore grande, chamada árvore do sol e, pelos latinos, árvore seca.[29] É bem grossa,

---

[28] Esse colírio mineral é muito apreciado naquela região, com o nome de *tatie*. A *tatie*, diz Pauthier, é um óxido de zinco que se forma nos fornos onde é tratada a calamina (P.).

[29] Houve muita discussão acerca dessa árvore, que para uns seria simplesmente o plátano, enquanto outros pretendem nela ver um exemplar único de uma essência que não se define claramente. Aqueles, em vez de árvore do sol, dizem árvore só (*sol* no texto arcaico) ou isolada.

suas folhas são brancas de um lado e verdes do outro; dá frutos em forma de castanha, mas ocos e da cor do buxo. Estende-se esse campo por muitas milhas, sem que se encontre uma única árvore. Diz a gente do lugar que Alexandre Magno combateu Dario nessa planície. Toda a terra habitada do reino de Timochaim é fértil e abundante em muitas coisas, o clima é bom, o ar, temperado, os homens são belos e as mulheres ainda mais belas; mas são todos maometanos.

Capítulo XXVIII
De certo famoso tirano e de seus negócios

Há por ali certa região chamada Mulete,[30] governada por um príncipe muito mau, chamado o Velho das Montanhas, ou Velho da Montanha, sobre o qual aprendi muitas coisas, que vou relatar, tendo-as ouvido dos habitantes daquele lugar. Eles me contaram o seguinte: esse príncipe e todos os seus súditos eram maometanos; ele tramou uma estranha maldade. Reunia certos bandidos chamados comumente de assassinos, e com esses raivosos miseráveis matava todos os que queria, e com isso logo semeou o terror por todas as cercanias. O que ele conseguia com outra impostura. Havia naquelas paragens um vale agradabilíssimo, cercado de montanhas muito altas; mandou plantar um jardim nesse lugar delicioso, e não poupou flores e frutos de toda espécie; mandou também construir

---

[30] Ou Alamonte, na atual província de Gilan, na vertente meridional das montanhas que bordejam o mar Cáspio.

palácios magníficos, que ornamentou com os mais raros móveis e as mais raras pinturas. Não é preciso dizer que ele nada esqueceu de tudo que pode servir aos prazeres da vida. Havia ali muitos riachos de águas vivas, de modo que a água, o mel, o vinho e o leite jorravam de todas as partes; os instrumentos musicais, os concertos, as danças, os exercícios, as roupas suntuosas, em suma, tudo que de mais delicioso há no mundo. Nesse lugar encantado, havia jovens que nunca saíam e se entregavam despreocupados a todos os prazeres sensuais; havia na entrada desse palácio um grande castelo muito bem guardado, pelo qual era absolutamente necessário passar para nele entrar. Esse velho, que se chamava Alaodin, sustentava fora desse lugar alguns rapazes corajosos até a temeridade, que eram os executores de suas detestáveis decisões. Ele os educava na lei mortífera de Maomé, a qual promete a seus seguidores volúpias sensuais depois da morte. E para torná-los mais apegados e mais dispostos a enfrentar a morte, servia a cada um deles certa bebida que os enlouquecia e adormecia.[31] Durante o sono, eram levados ao jardim encantado; quando vinham a despertar, vendo-se num lugar tão belo, imaginavam já estar no paraíso de Maomé, e se alegravam por terem sido libertados das misérias deste mundo e gozarem de uma vida tão feliz. Mas depois de terem gozado durante alguns dias de todos esses prazeres, a velha raposa servia-lhes uma nova dose daquela bebida

---

[31] Tal bebida embriagante não era outra senão o célebre haxixe, substância tirada dos ramos do cânhamo depois da fermentação; daí o nome de *haxixim* dado aos que o consumiam, a partir do qual se formou a nossa palavra "assassino".

e ordenava que eles saíssem do paraíso durante o seu efeito. Quando voltavam a si e pensavam por quão pouco tempo haviam gozado da felicidade, ficavam desolados e desesperados por se verem sem ela, depois de crerem que aquilo devesse durar eternamente. Era por isso que eles andavam tão desgostosos da vida que buscavam todos os modos de saírem dela. Então o tirano, que os fazia crer que era um profeta de Deus, vendo-os no estado desejado, dizia-lhes: "Ouçam, não se aflijam; se estiverem dispostos a enfrentar a morte, com coragem, todas as vezes que lhes ordenar, prometo que vocês vão gozar dos prazeres que já experimentaram". E assim aqueles miseráveis, considerando a morte um bem, estavam dispostos a fazer qualquer coisa, na esperança de gozar dessa vida bem-aventurada. Era daquela gente que o tirano se servia para executar seus inúmeros assassínios e homicídios. Pois, desprezando a vida, desprezavam também a morte; e assim, ao menor sinal do tirano, devastavam tudo no país, e ninguém ousava resistir à sua fúria. Por isso aconteceu de muitos países e muitos senhores poderosos tornarem-se tributários do tirano para evitar o furor daqueles celerados.[32]

---

[32] A história do Velho da Montanha, que Marco Polo foi um dos primeiros a narrar na Europa, permaneceu famosa. Deu lugar a bom número de pesquisas e escritos históricos, assim como a muitas composições romanescas. Na realidade, esse temível príncipe era o chefe de uma seita, dos chamados ismaelitas, por ele fundada. "Ele se fazia passar", diz Pauthier, "por alguém dotado de um poder sobrenatural, o vigário de Deus sobre a terra". Morreu trinta e quatro anos depois de sua entrada no castelo-fortaleza de Alamonte, sem dele sair uma única vez, passando a vida a ler e a escrever sobre os dogmas de sua seita e a governar o estado que criara.

Capítulo XXIX
Como o tirano acima mencionado foi morto

No ano de 1262, Allau,[33] rei dos tártaros, sitiou o castelo do tirano, no desejo de expulsar de seus estados um vizinho tão ruim e tão perigoso, e, depois de três anos, ele o capturou com todos os seus assassinos, pois lhes faltavam víveres; e, depois de matá-los a todos, mandou destruir o castelo e não deixar pedra sobre pedra.

Capítulo XXX
Da cidade de Cheburkan

Saindo do lugar acima citado, entra-se numa bela região, ornada de colinas e planícies, de ótimas pastagens e excelentes frutos. A terra é muito fértil, nada falta, exceto a água, pois às vezes é preciso percorrer de cinquenta a sessenta milhas para encontrá-la, o que faz que os viajantes sejam obrigados a levá-la consigo, e também para os animais. Convém, portanto, atravessar esse país o mais rápido possível, por ser árido demais. Fora isso, ele tem muitas aldeias: os habitantes cultuam Maomé. Depois disso, chegamos a uma cidade chamada Cheburkan, onde se encontra de tudo em abundância, principalmente melões e abóboras, que eles cortam em fatias e vão vender quando estão secos nos lugares vizinhos, onde são muito procurados, por serem doces como o mel. Também a caça é abundante naquela terra.

---

[33] Allau ou Hulagu, irmão uterino de Mangu Khan, antecessor de Kublai. Vide Rubruquis, capítulo XLIV.

Capítulo XXXI
Da cidade de Balac

Ao partir de lá, chegamos a uma cidade chamada Balac [Balk], outrora grande, célebre e ornada de muitos edifícios de mármore; hoje, porém, não é grande coisa, tendo sido destruída pelos tártaros. Os habitantes do lugar dizem que Alexandre Magno ali se casou com uma das filhas de Dario; ao norte ela faz fronteira com a província da Pérsia; saindo e caminhando entre o sul e o norte, não se encontra, durante dois dias, vivalma, pois os habitantes, para se protegerem dos ataques dos ladrões e dos bandidos, pelos quais eram sempre ameaçados, foram forçados a se retirar nas montanhas. Lá se encontra água em abundância e muita caça; há também leões. Devem os viajantes trazer víveres consigo, para dois dias, pois é impossível encontrar qualquer alimento por esse caminho.

Capítulo XXXII
No reino de Taican

Depois de ter feito as duas jornadas acima mencionadas, encontramos um castelo chamado Taican, cujo terreno é abundante em frumento e os campos são belíssimos. Há também, ao sul desse castelo, montanhas de sal tão grandes, que poderiam por si sós fornecer sal ao mundo inteiro. Seu sal é tão duro, que só pode ser rompido e retirado com martelos de ferro. Passadas essas montanhas e indo entre o oriente e o norte, depois de três dias de viagem, chegamos a uma cidade chamada

Kechem. Todos os habitantes desse país são maometanos; bebem, porém, vinho,[34] pois a terra o fornece em abundância, como também o frumento e toda sorte de frutas. Sua principal ocupação é esvaziar os potes e os copos o dia inteiro; o vinho é bem curtido e excelente; mas os habitantes são muito malvados e bons caçadores, pois os animais selvagens abundam naquela região. Os homens e as mulheres não cobrem a cabeça, com a diferença de que os homens cingem a testa com uma espécie de faixa, de dez palmos de comprimento; fazem os casacos com a pele dos animais que capturam, assim como os sapatos e as calças, não usando outra vestimenta.

Capítulo XXXIII
Da cidade de Cassem

Situa-se a cidade de Cassem numa planície; há nela muitos castelos nas montanhas que lhe são vizinhas; é cortada ao meio por um grande rio. Há nessa região muitos porcos-espinhos, que, quando nos aproximamos para apanhá-los, ferem muitas vezes com seus espinhos os homens e os cães: pois, sendo os cães lançados pelos caçadores sobre aqueles porcos, tanto irritam e enfurecem esses animais ferozes, os quais na corrida se jogam para trás sobre os homens e os cães com tanta violência, que não raro os ferem com seus espinhos. Essa nação tem um idioma particular. Os pastores residem nas montanhas, não tendo outra morada senão as

---

[34] Sabe-se que Maomé proibiu o consumo de vinho aos seus discípulos.

cavernas. De lá se vai em três dias à província de Balascia [Badakchan]. Não há povoações nessa estrada.

Capítulo XXXIV
Da província de Balascia

Balascia [Badakchan] é uma grande província que tem sua própria língua e cujo culto é maometano. Dizem-se seus reis descendentes de Alexandre Magno. Produz essa província pedras de grande valor, que recebem o nome da própria província.[35] É proibido, sob pena de morte, escavar a terra para buscar essas pedras e transportá-las para outros países, sem a permissão do rei. Pois todas essas pedras lhe pertencem; envia-as a quem quiser, quer como presente, quer como pagamento de tributos; e por vezes as troca por ouro e prata. Aquela terra produz tamanha quantidade dessas pedras, que a renda do rei não seria tão considerável se todos pudessem procurá-las; e com isso também elas se tornariam muito comuns, e perderiam muito valor. Existe outra província que produz a pedra chamada "lazulum",[36] com a qual se faz o melhor azul do mundo; é extraída das minas, mais ou menos como o ferro; também há minas de prata. É terra muito fria. Tem muitos e belos cavalos, grandes e rápidos na corrida; têm esses equinos os cascos tão duros, que não precisam ser ferrados, embora corram pelas pedras e pelos rochedos. A caça também é abundante;

---

[35] Os chamados rubis balais.
[36] O lápis-lazúli, que, reduzido a pó, produz um belo azul, chamado ultramarino.

há também pernaltas e ótimos falcões. Seus campos produzem excelente trigo, frumento e milho; há oliveiras em quantidade, mas fazem óleo com sésamo e nozes. Os habitantes não temem as invasões dos vizinhos, pois as entradas da província são muito estreitas e de difícil acesso. Suas cidades e suas fortalezas são fortificadas pela arte e pela natureza. Contam com bons arqueiros e excelentes caçadores. A maioria veste-se de crina, porque os tecidos de linho e lã são caríssimos; as damas de qualidade vestem, porém, roupa branca e vestidos de seda.

Capítulo XXXV
Da província de Bascia

A província de Bascia dista dez jornadas de Balascia. É uma região muito quente, o que faz que os homens sejam negros, mas astutos e malandros; usam brincos de ouro e prata, e também pérolas; vivem de arroz e carne, são idólatras, praticam feitiçaria e invocam demônios.

Capítulo XXXVI
Da província de Chesimur

A província de Chesimur [Cachemir] fica a sete jornadas de distância de Bascia. Os habitantes têm um idioma particular e são idólatras, dirigindo-se aos ídolos e recebendo oráculos dos demônios. Com sortilégios e invocações, fazem condensar-se o ar e formar tempestades. São morenos, pois o clima é temperado. Vivem de arroz e de carne, mas são magérrimos. Há ali muitas cidades e aldeias; o rei não paga tributo a ninguém, pois seu país é rodeado de desertos de todos os lados, e por isso nada teme.[37] Há nessa província alguns eremitas que cultuam os ídolos em mosteiros e células. Adoram seus deuses com grandes abstinências, o que faz que sejam muito honrados e tenham muito medo de ofendê-los, transgredindo seus cruéis mandamentos; por isso, esses eremitas gozam de grande prestígio entre o vulgo.

Capítulo XXXVII
Da província de Vocam e de suas altas montanhas

Já nos acharíamos aqui perto das Índias, se eu seguisse a minha primeira rota; mas uma vez que devo fazer a sua descrição no terceiro livro, resolvi pegar outro caminho e voltar a Balascia, seguindo viagem entre o norte e o sul. Chega-se, pois, em dois dias a certo rio [o Oxus], ao longo do qual nos deparamos com muitos castelos e casas de campo. Os habitantes dessas paragens são gente boa, bons guerreiros, mas maometanos. A dois dias de viagem desse lugar, entra-se na província de Vocam [Wakkan], que está sujeita ao rei de Balascia, tendo três jornadas de extensão de um a outro lado. Os habitantes têm uma língua particular e professam a lei

---

[37] O isolamento natural desse país fertilíssimo, habitado por um povo muito industrioso, deixava-o ainda, por assim dizer, desconhecido dos vizinhos no tempo de Marco Polo. Quase só saíam de lá, como vemos aqui, os ecos de lendas terríveis. Foi quase que só no século XVIII que foram obtidas as primeiras noções exatas sobre essa interessante região.

de Maomé. São valentes guerreiros e bons caçadores, pois o país está cheio de animais selvagens. Se de lá se partir para o lado do oriente, será preciso subir durante três dias, até chegar a uma montanha, a mais alta do mundo.[38] Lá também se encontra uma deliciosa planície entre duas montanhas, onde há um grande rio, ao longo do qual há ricas pastagens onde os cavalos e os bois, por mais magros que estejam, engordam em dez dias; há também grande quantidade de animais selvagens; encontram-se ali sobretudo carneiros selvagens de dimensões extraordinárias, de longos chifres, com os quais se fabricam muitos tipos de vasos.[39] Estende-se essa planície por doze jornadas de viagem: chama-se Pamir; mas se formos além dela, encontraremos um deserto desabitado; por isso os viajantes são obrigados a levar provisões. Não se veem aves nesse deserto, por causa do rigor do frio, e por ser o terreno elevado demais, e não poder oferecer alimento nenhum aos animais. Quando se acende o fogo nesse deserto, ele não é nem tão vivo, nem tão eficaz[40] quanto nos lugares mais baixos, por causa do frio extremo do ar. Dali a estrada prossegue, entre o oriente e o setentrião, por montanhas, colinas

---

[38] O Bam-i-duniah (ou Teto do Mundo), do qual um dos picos se eleva a 5.800 metros acima do nível do mar.

[39] Os viajantes modernos confirmam essas asserções, que parecem extraordinárias. O animal de que provêm esses chifres chama-se *kutchar* ou cordeiro selvagem. (P.) — Vide Rubruquis, cap. VII.

[40] Essas últimas palavras demonstram que já nessa época haviam observado algo cuja teoria deveria, muitos séculos depois, ser fornecida pela descoberta da pressão atmosférica. Sabe-se que sobre as altas montanhas, onde a pressão diminui, como a ebulição da água acontece a um grau calórico bem inferior, essa água não pode operar o cozimento dos legumes, dos ovos, etc. Assim se explica a expressão "nem tão eficaz".

e vales, em que se encontram muitos rios, mas nada de povoações nem de verdura. Essa terra chama-se Belor, onde reina o tempo todo um inverno contínuo; e isso dura quarenta dias, o que obriga a levar provisões para todo esse tempo. Vemos, porém, sobre essas altas montanhas, aqui e ali, algumas povoações; mas os homens são muito cruéis e maus, dados à idolatria, vivem da caça e se vestem de peles.

Capítulo XXXVIII
Da província de Cassar

Saindo de lá se chega à província de Cassar [Kachghar], que é tributária do Grande Khan. Há nessa província vinhas, pomares, árvores frutíferas, seda e toda espécie de legumes. Os habitantes têm sua língua particular, são bons negociantes e bons artesãos, e vão de província em província para enriquecerem, sendo muito ávidos de bens e tão avarentos que não ousam tocar no que já acumularam. Também são maometanos, embora haja entre eles alguns cristãos nestorianos, com suas igrejas particulares. O país pode ter cinco jornadas de extensão.

Capítulo XXXIX
Da cidade de Samarcham

Samarcham é uma cidade grande, importante no país ; é tributária do sobrinho do Grande Khan. Os habitantes são em parte cristãos e em parte sarracenos, ou seja, maometanos. Aconteceu naquele tempo um milagre do poder divino nessa cidade: o irmão do

Grande Khan, chamado Cigatai, que governava o país, se fez batizar, persuadido pelos cristãos; estes, loucos de alegria e honrados com a sua proteção, mandaram construir na cidade uma grande igreja, por eles dedicada a Deus sob o título de São João Batista. Os arquitetos que construíram a igreja foram tão hábeis, que todo o edifício repousava sobre uma única coluna de mármore, colocada no meio da igreja; ora, os maometanos tinham uma pedra perfeita para servir de base a essa coluna; os cristãos dela se apoderaram e a fizeram servir aos seus projetos. Os maometanos muito se aborreceram com aquilo, mas não ousaram queixar-se, pois o príncipe havia apoiado a iniciativa. O príncipe, porém, veio a morrer algum tempo depois, e, como seu filho o sucedeu no governo, mas não na fé, os maometanos, aproveitando-se da situação, dele obtiveram que os cristãos fossem obrigados a lhes devolver a pedra fundamental da tal coluna. Ofereceram-lhes os cristãos uma soma considerável para pagamento da pedra, mas eles não aceitaram, fazendo questão de recuperar sua pedra. Assim agiam por malícia e porque esperavam que, tirando-a de seu lugar, a igreja se esboroaria inteira. Vendo os cristãos que, não sendo os mais fortes, nada podiam fazer, recorreram a Deus todo-poderoso e a seu santo João Batista, a eles pedindo, entre lágrimas, que os socorressem em tamanha enrascada. Chegado o dia em que a pedra deveria ser retirada de baixo da coluna, permitiu o bom Deus que tudo se passasse de modo completamente diferente do que esperavam os maometanos; pois, achando-se a coluna suspensa a três palmos de altura de sua base, permaneceu firme pela virtude omnipotente de Deus. Tal milagre persiste até hoje.

Capítulo XL
Da província de Yarchan

Tendo partido dessa cidade, entramos na província de Yarchan [Yarckand], depois de cerca de cinco dias de viagem. Essa província é abundante em tudo que seja necessário à vida; está sujeita ao sobrinho do Grande Khan. Os habitantes reverenciam Maomé; há, porém, entre eles alguns cristãos nestorianos.

Capítulo XLI
Da província de Cotam

A província de Cotam vem depois da província de Yarckand; situa-se entre o oriente e o setentrião; obedece ao sobrinho do Grande Khan; conta com muitas cidades e aldeias, cuja capital se chama Cotam. Essa província chega a ter uma extensão de oito jornadas, e nada lhe falta do que é necessário à vida; tem muita seda e ótimas vinhas, em quantidade. Os homens não são aguerridos, mas muito dados ao comércio e às artes; são maometanos.

Capítulo XLII
Da província de Peim

Prosseguindo pela mesma planície, encontramos a província de Peim [Pai ou Bai], com cerca de cinco jornadas de extensão. Está sujeita ao Grande Khan e contém muitas cidades e aldeias. A capital chama-se

Peim, e é banhada por um rio onde se encontram pedras preciosas, a saber, jaspe e calcedônias. Os habitantes desse país reverenciam Maomé e são muito dados às artes e ao comércio; têm seda em abundância, bem como tudo que é necessário para a vida. É costume nessa província que, quando um homem casado é obrigado a viajar por algum negócio e permanecer vinte dias fora, a mulher pode tomar outro marido, e o marido pode, ao voltar, casar com outra mulher, sem problemas.

Capítulo XLIII
Da província de Ciartiam

Vem depois a província de Ciartiam [Kharachar], sujeita ao Grande Khan, e que contém muitas cidades e castelos; a capital tem o mesmo nome que a província. Nela se encontram numerosos rios com muita pedra preciosa, principalmente jaspe e calcedônias, que os mercadores levam à província de Catai [China oriental]. É muito arenosa a província de Ciartiam, com muitas águas salobras, o que torna estéril a terra. Quando passa pelo país algum exército estrangeiro, todos os habitantes, com as mulheres, as crianças, os animais e os móveis, fogem para o país vizinho, onde encontram boa água e pastagens; ali permanecem até que o exército tenha passado; ao fugirem assim, o vento apaga tão bem seus rastros na areia, que os inimigos nada percebem; mas se for o exército dos tártaros, a que estão submetidos, eles não fogem: só transportam para outro lugar o seu gado, para que os tártaros não se apoderem dele. Saindo dessa província, é preciso caminhar durante cinco dias sobre as areias, onde quase não se encontra água, a não ser salobra, até se chegar a uma cidade chamada Lop. Note-se que todas as províncias de que falamos até aqui, a saber, Cassar, Yarcham, Cotam, Peim e Ciartiam, até a mencionada cidade de Lop, se situam entre os limites da Turquia.[41]

Capítulo XLIV
Da cidade de Lop e de um enorme deserto

Lop é uma cidade grande na entrada de um grande deserto,[42] situada entre o oriente e o setentrião; os habitantes são maometanos; os mercadores que queiram atravessar o grande deserto devem nela prover-se de víveres. Ali repousam para isso durante algum tempo, a fim de comprarem mulas ou asnos bem fortes, para carregarem suas provisões, e, à medida que as provisões vão diminuindo, vão matando os asnos ou deixando-os pelo caminho, por não poderem alimentá-los naquele deserto; conservam com mais facilidade os camelos, pois, além de comerem muito pouco, carregam cargas pesadas. Às vezes os viajantes topam nesse deserto com águas salobras, porém mais frequentemente com águas doces, de modo que têm águas novas todos os dias, durante os trinta dias que leva, no mínimo, a travessia; mas às vezes em tão ínfima quantidade, que mal basta para

---

[41] Isto é, no tempo de Marco Polo, a língua e as crenças dos turcos manifestavam sua influência até lá. (P.)

[42] A imensa extensão que em nossos mapas da Ásia traz o nome de grande deserto de Gobi ou Cka-mo (areias movediças).

uma caravana de viajantes de porte médio. O deserto é muito montanhoso e, na planície, muito arenoso; em geral, é estéril e selvagem, e por isso nele não se vê nenhuma povoação. Neles às vezes se ouvem, e até com boa frequência, durante a noite, muitas vozes estranhas. Os viajantes devem, então, tomar cuidado para não se separarem uns dos outros ou ficarem para trás; caso contrário, podem facilmente perder-se e perder de vista os outros, por causa das montanhas e das colinas, pois ali se ouvem vozes de demônios que chamam naqueles ermos as pessoas pelo nome, imitando a voz do que sabem pertencer à caravana, para afastá-las do caminho certo e levá-las ao precipício. Assim, às vezes se ouvem no ar concertos de instrumentos musicais, mas com maior frequência o som dos tamborins. A travessia desse deserto é muito perigosa.[43]

---

[43] "Os fenômenos extraordinários aqui relatados por Marco Polo", observa Pauthier, "não são, por mais estranhos que possam parecer, tão raros e absolutamente inacreditáveis como se poderia julgar. Concedendo sua parte aos exageros populares, podem-se admitir certos efeitos de miragem ou de eco que impressionaram os viajantes, dispostos às ilusões pelas fadigas suportadas ao atravessar a região". O erudito comentador cita em apoio à sua observação vários trechos de narrativas contemporâneas, em que foram observados fenômenos totalmente naturais que, com certeza, seriam interpretados por alguns como manifestações sobrenaturais.

Capítulo XLV
Da cidade de Sachion e do costume ali observado de queimar os corpos mortos

Depois de atravessar o deserto, chega-se à cidade de Sachion,[44] que fica na entrada da grande província de Tanguin, cujos habitantes são idólatras, embora se achem alguns cristãos nestorianos; têm uma língua particular. Os habitantes dessa cidade não praticam o comércio, mas vivem dos frutos que a terra produz. Há vários templos dedicados aos ídolos, onde são oferecidos sacrifícios aos demônios, muito honrados pelo povo. Quando nasce o filho de alguém, logo é oferecido a algum ídolo; e o pai alimenta durante todo aquele ano um carneiro em casa, o qual apresenta com seu filho ao fim do ano àquele ídolo, o que se pratica com muitas cerimônias e muita reverência. Depois disso, cozinha-se e oferece-se o carneiro ao ídolo, e ele permanece no altar até terminarem suas infames orações, segundo o costume; o pai da criança, principalmente, faz suas orações ao ídolo, com insistência, para proteger o filho que lhe é dedicado. Aliás, eis como eles se comportam em relação aos mortos: os mais próximos do morto tratam de queimar o corpo, o que se faz da seguinte maneira: primeiro, consultam os astrólogos para saber quando devem lançar o corpo ao fogo; esses patifes, então, informam-se do mês, do dia e da hora que o morto veio ao mundo e, considerando sob que constelação, determinam o dia em que os corpos devem

---

[44] Cha-tcheu, na província de Tanghout, hoje Tcheng-Chu.

ser cremados. Outros há que guardam o defunto por alguns dias, às vezes até sete dias e até um mês; alguns o guardam durante seis meses, construindo para ele uma morada em sua casa, de que tapam todas as aberturas com tanta habilidade, que não se sente nenhum fedor. Embalsamam o corpo com perfumes e cobrem o nicho, já pintado e ornamentado com tecidos preciosos. Enquanto o cadáver está na casa, todos os dias, na hora do jantar, coloca-se a mesa junto ao nicho, servida de carnes e vinho; a qual permanece assim posta durante uma hora, porque creem que a alma do morto come o que é assim servido. E quando se deve transportar o corpo, os astrólogos são consultados de novo, para saber por que porta deve sair: pois se calhar de alguma porta da casa ter sido construída sob influência maligna, dizem eles que não se deve servir dela para fazer passar o corpo e indicam outra, ou mandam abrir outra. Enquanto o cortejo fúnebre atravessa a cidade, erguem pelo caminho estrados cobertos de tecidos de ouro e seda; e, quando o cadáver passa, derramam por terra excelentes vinhos e carnes finas, imaginando que o morto as aprecia no outro mundo. Concertos musicais e instrumentais precedem o cortejo; e quando se chega ao lugar onde o corpo deve ser queimado, desenham e pintam em folhas de papel diversas figuras de homens, mulheres e até de moedas; todas essas coisas são queimadas junto com o corpo. Com isso pretendem que o falecido terá no outro mundo, realmente, tudo que estiver pintado naqueles papéis e assim viverá eternamente feliz e honrado. A maioria dos pagãos observa essa superstição no Oriente, cremando os corpos dos seus mortos.

Capítulo XLVI
Da província de Camul

Camul [Khamil] é uma província encravada na grande província de Tanguth; é súdita do Grande Khan e tem muitas cidades e aldeias. Camul está próxima de dois desertos, a saber, o grande de que falamos acima e outro menor. A província é rica em tudo que o homem possa desejar para a vida. Os habitantes têm um idioma particular e parecem só ter nascido para se divertirem. São idólatras e adoram os demônios, que os induzem a viver assim. Quando algum viajante se detém para hospedar-se em algum lugar, o dono da casa recebe-o com alegria e ordena à mulher e a toda a família que cuidem bem dele, lhe obedeçam em tudo e não o ponham para fora enquanto quiser permanecer na casa; quanto a ele, vai hospedar-se em outro lugar e só volta para casa quando o hóspede tiver partido. Enquanto isso, a mulher obedece ao hóspede como se fosse seu próprio marido.

Capítulo XLVII
Da província Chinchinthalas

Depois da província de Camul, encontramos a de Chinchinthalas,[45] que é limitada ao norte por um deserto e tem uma extensão de até dezesseis jornadas de viagem; é súdita do Grande Khan; compreende muitas cidades e muitos castelos. Divide-se o povo em três seitas: há uns poucos cristãos, que são nestorianos; os demais

---

[45] Sai-gin-tala, na província de Thian-chan-pe-lu (P.).

são maometanos ou idólatras. Há nessa província uma montanha com minas de aço e de antimônio, assim como salamandras,[46] com as quais se fabricam tecidos que, quando jogados ao fogo, não se queimam. Esse tecido é feito de terra, da seguinte maneira, que aprendi com um de meus companheiros, chamado Curficar, da província da Turquia, homem muito inteligente, que gerenciou as minas de onde a terra é extraída naquela província. Encontra-se nessa montanha certa mina de terra, que produz filamentos parecidos com a lã, os quais, uma vez secos ao sol, são socados num pilão de cobre; em seguida, são lavados, o que lhes retira toda a terra; por fim, assim lavados e purificados, esses filamentos são fiados como a lã, e em seguida se fabricam tecidos com eles. E quando querem embranquecer esses tecidos, colocam-nos ao fogo durante uma hora; depois disso, eles saem brancos como a neve, sem sofrerem nenhum dano. É também assim que eles tiram as manchas desses tecidos, pois saem do fogo sem mácula nenhuma. A respeito da serpente (ou lagarto) chamado salamandra, que, segundo dizem, vive no fogo, de nada fui informado nos países orientais. Dizem que há em Roma uma toalha de tecido de salamandra, na qual o sudário de Nosso Senhor estaria envolvido, que um rei dos tártaros teria dado de presente ao sumo pontífice.

---

[46] Trata-se do amianto ou asbesto, que, como todos sabem, é uma matéria mineral filamentosa, que pode ser fiada e tecida como o cânhamo, o algodão ou a lã. O amianto, que resiste ao fogo, deve a essa particularidade o nome que aqui lhe dá Marco Polo, por analogia com o lendário animal que, segundo diziam, vivia nas chamas.

Capítulo XLVIII
Da província de Suchur

Tendo deixado para trás a província de Chinchinthalas, toma-se um caminho que leva ao oriente por cerca de dez jornadas seguidas, onde não se encontra nenhuma povoação, a não ser em poucos lugares, depois do qual se entra na província de Suchur [Su-Tcheu], onde se acham muitas povoações e aldeias. A capital chama-se também Suchur. Nessa província, a maior parte dos habitantes é idólatra, e há alguns cristãos; são todos súditos do Grande Khan. Não comerciam e se contentam com viver dos frutos que a terra dá. Encontra-se nas montanhas dessa província o ruibarbo,[47] que é exportado para toda a terra.

Capítulo XLIX
Da cidade de Campition

Campition [Kan-Tcheu] é uma cidade grande e famosa; governa o país de Tanguth. Parte de seus habitantes é cristã, parte é maometana e parte, idólatra. Estes últimos têm muitos mosteiros, onde adoram seus ídolos, que são feitos de terra, de madeira ou de barro e depois dourados; alguns há que são tão grandes, que têm dez passos de altura, junto aos quais há outros menores, em postura respeitosa. Esses ídolos têm seus sacrificadores e seus religiosos, que, aparentemente, vivem de modo

---

[47] Devemos à China essa planta que, tendo entre nós apenas um papel medicinal, é muito apreciada como vegetal alimentar entre os nossos vizinhos do outro lado da Mancha.

mais regular que os outros, pois muitos guardam o celibato e se empenham na observação da lei de seus deuses. Contam o ano pelas luas, bem como os meses e as semanas. Nessas luas, eles se abstêm, durante cinco dias, de matar animais ou aves e de comer qualquer tipo de carne. Também vivem durante esses dias mais rigorosamente. Os idólatras têm nessa cidade um costume: cada um pode ter tantas mulheres quantas puder sustentar; a primeira é só a mais estimada e é tida como a mais legítima. O marido não recebe nenhum dote da mulher, mas lhe oferece uma prenda em forma de gado, dinheiro, servos, conforme os recursos de que dispõe. Se um homem é tomado de aversão pela mulher, pode repudiá-la. Enfim, essa nação permite muitas coisas que consideramos pecado grave. Vivem em muitos aspectos como os animais; pois tive tempo para conhecer seus costumes, tendo morado nessa cidade com meu pai e meu tio durante um ano, a negócios.

Capítulo L
Da cidade de Ezina e de outro grande deserto

Da cidade de Campition até Ezina[48] são doze jornadas. Esta última é limitada ao norte por um deserto arenoso; há ali muitos camelos e vários outros animais e pássaros de muitos tipos. Os habitantes são idólatras, desdenham o comércio e vivem dos frutos que a terra dá. Abastecem-se os viajantes nessa cidade de víveres,

---

[48] I-tzi-nai, hoje destruída. (P.)

quando querem atravessar esse grande deserto; o qual não pode ser atravessado em menos de quarenta dias. Não se encontra nesse deserto nenhum tipo de erva e nenhuma povoação, a não ser algumas cabanas em certas montanhas e vales, onde alguns homens se retiram no verão. Em alguns lugares se encontram também animais selvagens, principalmente asnos, muito numerosos. No mais, todas essas províncias dependem da grande província de Tanguth.

Capítulo LI
Da cidade de Caracorum e da origem do poder dos tártaros

Depois de atravessar o grande deserto acima mencionado, chega-se à cidade de Caracorum[49] na direção norte, de onde se originaram os tártaros. Pois no princípio habitavam os campos daquela região, não tendo ainda nem cidades nem aldeias e acampando apenas onde encontravam pastagens e água para alimentar o gado. Tampouco tinham um príncipe de sua nação, mas

---

[49] Caracorum, antiga capital do primeiro império mongol. Como essa cidade não existe mais e nenhum viajante procurou suas ruínas, nossos geógrafos não têm condições de determinar o ponto preciso por ela ocupado na Tartária. Julga-se apenas saber que era construída ao pé das derradeiras vertentes meridionais dos montes Altai, que separam a China da Sibéria, entre 102° ou 103° de longitude e 46° ou 48° de latitude, o que a situaria a cerca de trezentas e cinquenta léguas mais a oeste e duzentas léguas mais ao norte que Cambalu (Pequim), onde Kublai Khan tinha sua corte. Foi perto de Caracorum que Mangu Khan, predecessor de Kublai, recebeu o enviado de São Luís, Rubruquis, que descreveu longamente essa cidade real. — Vide Rubruquis, cap. XXVIII e seguintes.

eram tributários de certo grande rei chamado Uncham, hoje habitualmente chamado de grande Preste João;[50] mas, crescendo dia a dia e se tornando mais fortes, o rei Uncham começou a temer que os tártaros se revoltassem contra ele. Para impedir sua excessiva potência, resolveu dividi-los e lhes atribuir diferentes terras onde se estabelecerem. Os tártaros, porém, não querendo separar-se, retiraram-se num deserto mais para o norte, ocupando uma grande região na qual julgaram estar em segurança, sem mais temerem o rei, ao qual se recusaram a pagar tributo.

Capítulo LII
Os tártaros elegem um rei entre eles, o qual declara guerra ao rei Uncham

Alguns anos depois, os tártaros elegeram um rei por unanimidade: era um homem sábio e prudente, chamado Chinchis,[51] e lhe colocaram a coroa sobre a cabeça, no ano de Nosso Senhor de 1187. Acorreram, então, todos os tártaros de todas as parte e prometeram

---

[50] Preste João, personagem a respeito do qual se criou no Ocidente, durante a Idade Média, todo tipo de fábulas e que foi, na realidade, um chefe da tribo dos keraítas, de raça mongol. — Vide a narrativa de Rubruquis, cap. XIX.

[51] É o famoso conquistador Gengis Khan, chefe da dinastia mongol que reinava na China durante a viagem de Marco Polo. Inicialmente mero chefe de um bando de mongóis tributários dos tártaros, assinalou-se já aos quinze anos de idade por uma mente tão sagaz como aventureira. Ao morrer, em 1227, suas armas haviam-no tornado senhor absoluto de todo o território compreendido entre Pequim e o mar Cáspio.

voluntariamente prestar-lhe obediência e submissão. Esse rei, que, como disse, era prudente, governava os súditos com sabedoria, e em pouco tempo submeteu ao seu império oito províncias. E, quando tomava alguma cidade ou algum castelo, não permitia que se matasse ninguém, nem se tirassem seus bens, quando se submetiam de bom grado ao seu domínio; em seguida, servia-se deles para submeter outras cidades. Tal bondade o tornou extremamente querido de todos, e assim, vendo sua glória suficientemente estabelecida, enviou embaixadores ao rei Uncham, ao qual antes pagava tributo, para pedir a sua filha em casamento. Uncham, porém, muito indignado com a mensagem, respondeu-lhe com muito azedume que preferia mandar queimar a filha a dá-la em casamento a um de seus escravos; e, tendo despedido os embaixadores, disse-lhes: "Ide, dizei a vosso senhor, já que é tão insolente a ponto de pedir em casamento a filha de seu senhor, que perca a esperança, pois prefiro matá-la a permitir tal união".

Capítulo LIII
O rei Uncham é vencido pelos tártaros

O rei Chinchis, ao ouvir essa resposta, reuniu um grande exército e se preparou para a guerra contra o rei Uncham, com o objetivo de tirar satisfações pela afronta, e foi acampar numa planície chamada Tanduc, e lhe mandou a mensagem de que se preparasse para se defender. O qual veio à frente de um imenso exército e acampou bem perto dos tártaros. Então Chinchis, rei dos tártaros, ordenou aos feiticeiros e aos astrólogos que lhe dissessem que desfecho o combate deveria ter; os astrólogos, então, rompendo em dois um caniço, depuseram-no por terra, dando o nome de Uncham a um dos pedaços e ao outro o de Chinchis, e disseram ao rei: "Majestade, quando fizermos as invocações dos deuses, pelo poder deles esses dois pedaços de caniço vão chocar-se um contra o outro, e aquele que subir sobre o outro vai indicar qual rei sairá vitorioso neste combate". Tendo acorrido ao espetáculo grande multidão, os astrólogos deram início a suas orações e feitiços, e logo os pedaços do caniço também começaram a se mover e a combater um contra o outro, até que aquele que tinha o nome de Chinchis levou a melhor contra o que fora chamado Uncham. Vendo aquilo, os tártaros sentiram-se seguros da vitória. Travou-se o combate no terceiro dia, e depois de grande morticínio de uma e de outra parte, a vitória coube por fim ao rei Chinchis, e com isso os tártaros subjugaram o reino de Uncham. Reinou Chinchis ainda por seis anos depois da morte de Uncham, durante os quais conquistou muitas outras províncias; mas por fim, ao cercar certa fortaleza e tendo-se aproximado demais, foi atingido no joelho por uma flecha, o que o matou. Foi enterrado sobre uma montanha chamada Altai,[52] onde desde então todos os de sua linhagem e todos os seus sucessores escolheram ter sepultura, e para lá são levados os seus corpos, mesmo estando a cem dias de viagem de lá.

---

[52] Altai, ou montes de Ouro, cordilheira de montanhas que limitam ao norte a antiga Mongólia.

Capítulo LIV
Continuação dos reis tártaros e de sua sepultura sobre o monte de Altai

O primeiro rei dos tártaros teve por nome Chinchis; o segundo, Gui; o terceiro, Barchim; o quarto, Allau; o quinto, Mangu;[53] o sexto, Kublai, hoje reinante, cujo poder é maior que o de todos os predecessores. Pois, se todos os reinos dos cristãos e dos turcos se unissem, mal se igualariam ao império dos tártaros, o que veremos com maior clareza em seu lugar, quando eu descrever sua potência e seu império. Ora, quando transportam o cadáver do Grande Khan para enterrá-lo sobre o monte de Altai, aqueles que acompanham o cortejo fúnebre matam todos os que encontram pelo caminho, dizendo-lhes: "Ide servir nosso senhor e mestre no outro mundo". Pois estão de tal modo possuídos pelo demônio, que creem que as pessoas assim assassinadas vão servir o rei defunto na outra vida. Essa fúria, porém, não se estende só aos homens, mas também aos cavalos, que degolam quando topam com eles no caminho, crendo que também eles devem servir ao rei morto. Quando o corpo do Grande Khan Mangu, antecessor deste último, foi levado ao monte de Altai para ser inumado, os soldados que o conduziam relatam ter assim matado cerca de vinte mil homens.

---

[53] Mangora Khan, neto de Gengis Khan, é o rei cuja corte Rubruquis visitou. Morreu em 1239.

Capítulo LV
Dos usos e costumes mais gerais dos tártaros

É permitido e honesto entre eles ter tantas mulheres quantas possa sustentar, e tomar como esposas suas parentas mais próximas, salvo as irmãs, até mesmo a madrasta, se o pai tiver morrido. A primeira mulher é a mais honrada. É permitido desposar a viúva do irmão. Os homens não recebem dote das mulheres, mas dão uma prenda às mulheres e às mães delas. Têm os tártaros muitos filhos, por causa dessa pluralidade de mulheres, e o grande número dessas mulheres não é um ônus para o país, pois são muito trabalhadeiras. Cuidam principalmente, com muito esmero, do lar e da preparação da comida e da bebida. Os homens vão à caça, e só se empenham na vida ao ar livre e no exercício das armas. Criam os tártaros grandes manadas de bois, de carneiros e de outro tipo de gado, e os conduzem aos lugares onde há pastagens; no verão, sobem às montanhas, para lá buscar o frescor dos bosques e das pastagens, e no inverno se retiram nos vales, onde conseguem alimento para os animais. Têm cabanas feitas como tendas e cobertas de feltro,[54] que levam por toda parte consigo, pois podem dobrá-las, armá-las, erguê-las ou desmontá-las à vontade; erguem-nas de modo que a porta sempre dê para o sul. Têm também uma espécie de carruagem coberta de feltro, na qual levam as mulheres, os filhos e todos os seus utensílios e onde se abrigam da chuva. As carruagens são puxadas por camelos.

---

[54] Marco Polo confirma aí tudo o que disse Rubruquis dos costumes pastorais dos tártaros.

Capítulo LVI
Das armas e dos trajes dos tártaros

As armas de que se servem os tártaros no combate não são de ferro, mas feitas de couro forte e duro, como o couro de búfalo e de outros animais que têm o costado mais duro. São muito hábeis no uso do arco, exercitando-se nisso desde jovens. Servem-se também de pregos e espadas, mas isso é raro. Os mais ricos vestem roupas de seda e de ouro, com forros de peles finas de raposa ou de arminho ou de outros animais que costumam ser chamados de zibelinas, as mais preciosas de todas.

Capítulo LVII
Da comida dos tártaros

Nutrem-se os tártaros de alimentos muito grosseiros; seus pratos mais comuns são a carne, o leite e o queijo. Apreciam muito a carne de animais puros ou imundos, pois comem carne de cavalo e de certos répteis que vivem em abundância entre eles. Bebem leite de égua, que preparam de tal maneira que até parecem vinho branco, e não é bebida muito ruim; chamam-na chuinis.[55]

---

[55] O *khumis*, cujo uso ainda é muito generalizado entre todas as populações tártaras. — Vide Rubruquis, capítulo VI.

Capítulo LVIII
Da idolatria e dos erros dos tártaros

Os tártaros adoram como deus certa divindade que eles mesmos forjaram e chamam de Natagai. Creem que seja o deus da terra e que tome conta deles, de seus filhos, de seus rebanhos e dos frutos da terra. Muito veneram esse deus, e não há ninguém que não tenha em casa a sua imagem. E por crerem que Natagai tem esposa e filhos, põem junto à sua imagem estatuetas de mulheres e crianças: a imagem de uma mulher à sua esquerda, e imagens de crianças à sua frente. Têm profundo respeito por tais ídolos, principalmente antes do almoço e do jantar, pois então, antes de comer, untam a boca dessas imagens com gordura das carnes que estão sobre a mesa e levam parte delas para fora da casa, em homenagem aos ídolos, crendo que seus deuses vão comer sua oferenda. Depois disso, comem o que sobrou. Se um tártaro perder um filho que jamais se tenha casado e morra ao mesmo tempo a filha de outro, os pais de um e de outro reúnem-se e fazem o casamento dos dois defuntos; depois de redigir o contrato, pintam o rapaz e a moça num papel e, depois de reunir algum dinheiro e alguns utensílios e móveis, põem fogo em tudo, crendo firmemente que os mortos se casam no outro mundo. Nessas ocasiões, dão grandes banquetes, em que esparramam parte da comida pelo chão, aqui e ali, crendo que o casal participe da festa e coma o que foi espalhado. Por isso os pais estão tão convencidos da realidade desse casamento como se tivesse sido contraído durante a vida de um e de outro.

Capítulo LIX
Do valor e da indústria dos tártaros

Os tártaros são belicosos e corajosos nas armas e infatigáveis no trabalho. Não são nem molengas nem efeminados, mas pouco acostumados às delícias; são, porém, resistentes à fadiga e suportam com facilidade a fome. Acontece muitas vezes de passarem um mês sem nada comer além do leite das éguas e da carne dos animais que capturam nas caçadas. Até seus cavalos, quando vão à guerra, não têm outra ração senão a erva dos campos, de sorte que essa nação é muito laboriosa e se contenta com pouco. Quando vão fazer alguma expedição num país distante, levam consigo apenas as armas e as pequenas tendas onde se abrigam nas chuvas. Cada um leva também dois vasinhos; um com leite, o outro para cozinhar a comida. Mas quando querem fazer uma marcha acelerada, servem-se do leite coagulado para preparar uma espécie de pasta, que lhes serve de bebida e de comida.[56]

Capítulo LX
Da justiça e dos julgamentos dos tártaros

Eis como eles punem os criminosos: se alguém roubar alguma coisa de pouco valor e não merecer a morte, é

---

[56] Devemos ver aí, como supõe o erudito comentador que nos serve de guia habitual, um procedimento de condensação do leite análogo ao que está hoje em uso, julgado, erradamente portanto, de invenção recente? Ou se trata simplesmente do leite transformado em queijo? Não julgaremos a questão.

vergastado com sete golpes de vara; ou dezessete, vinte e sete e, às vezes, até quarenta e sete, sendo o número de golpes proporcional à gravidade do crime, o qual chega às vezes até cem, adicionando-se sempre dez; de modo que às vezes o castigo provoca a morte. Mas, se alguém roubar um cavalo ou outra coisa que mereça a morte, abrem-lhe o ventre; se, porém, ele dispuser de meios para resgatar sua vida, deve reparar o roubo pagando nove vezes mais o seu valor. É por isso que os que têm cavalos, bois, camelos se contentam em marcá-los com ferro quente, e os enviam despreocupadamente para pastar; só os animais pequenos são guardados por pastores. Foram esses os primeiros costumes dos tártaros; mas, como mais tarde se misturaram a diferentes nações, muito degeneraram em relação a suas primeiras leis, e se sujeitaram às dos povos com que se encontraram.

Capítulo LXI
Dos campos de Bargu e das ilhas do extremo Norte

Detivemo-nos um pouco nos usos e costumes dos tártaros; agora continuaremos a fazer a descrição das outras províncias do Oriente, seguindo a mesma ordem adotada até aqui. Tendo deixado a cidade de Caracorum e o monte de Altai na direção do setentrião, chega-se aos campos de Bargu,[57] com quarenta jornadas de extensão. Chamam-se nerkistas os habitantes dessas paragens, e obedecem ao Grande Khan, observando os costumes

---

[57] Nas cercanias do lago Baikal. (P.)

dos tártaros. São homens selvagens, que vivem apenas da caça; capturam sobretudo cervos, ali abundantes, que sabem tão bem domesticar, que deles se servem como cavalos e asnos; não têm nem trigo nem vinho. No verão, dedicam-se muito à caça de pássaros e animais selvagens, cuja carne consomem no inverno, pois durante essa estação saem do país por causa do rigor do frio. Depois de ter deixado esses campos e caminhado durante quarenta dias para o oriente e um pouco para o norte, damos com o oceano, sobre cujas montanhas os falcões costumam construir seus ninhos, quando devem atravessar o mar. Lá esses falcões são capturados e levados à corte do Grande Khan. Há nessas terras setentrionais algumas ilhas que avançam tanto para o norte, que a estrela da tramontana (polar) permanece um pouco visível até o meio-dia.

Capítulo LXII
No país de Erigimul e da cidade de Singui

Devemos agora voltar à cidade de Campition, de que falamos um pouco mais acima, para retomarmos a partir de lá o nosso caminho e percorrer todas as demais províncias que nos resta descrever. Partindo, portanto, de Campition e caminhando na direção do oriente por cinco dias, ouvem-se no caminho horríveis vozes de demônios durante a noite, até chegarmos ao grande reino de Erigimul, sujeito ao Grande Khan. Lá se encontram cristãos nestorianos, maometanos e idólatras. Possui muitas cidades e castelos. Dali, se avançarmos entre o oriente e o meio-dia, chegamos à província de

Catai.[58] Há, no entanto, entre o reino de Catai e o de Cerguth uma cidade chamada Singui [Si-ning-fu], tributária do Grande Khan, cujos habitantes também professam as três seitas acima mencionadas. Lá se encontram bois selvagens muito belos, grandes como elefantes,[59] de pelo preto e branco com três palmos de comprimento. Alguns desses bois são domesticados e deles se servem como animais de carga; outros, atrelados à charrua, fazem em pouco tempo um bom trabalho. Recolhe-se nessa província o mais excelente almíscar do mundo, pois há naquelas terras certo belo animal do tamanho de uma gazela, com pelos espessos como o cervo e os pés igualmente; tem só quatro dentes, dois em cima e dois embaixo, que descem até três dedos abaixo dos lábios.[60] Perto do umbigo, entre o couro e a carne, ele tem uma bexiga cheia de sangue, o qual sangue é esse almíscar agradável e precioso. Os habitantes são idólatras, sensuais, gordos de corpo e com o nariz bem pequeno e deixam crescer o bigode sobre os lábios. As mulheres são brancas e belas. Quando os homens querem casar, buscam a beleza mais do que a nobreza ou a riqueza; por isso, acontece muitas vezes de um grão-senhor desposar uma moça pobre, mas bonita, e sustentar a mãe dela. Lá se encontram muitos negociantes e artesãos. Essa província chega a ter vinte e cinco jornadas de extensão e é fertilíssima; tem grande quantidade de faisões, com caudas de oito a dez palmos de comprimento. Lá se encontram também muitos outros

---

[58] A China propriamente dita.
[59] O iaque (*Bos grunniens*).
[60] O cervo almiscarado (*Moschus moschiferus*).

tipos de aves de belíssima plumagem, que misturam muitas lindas cores.

Capítulo LXIII
Da província de Egrigaia

Indo mais adiante na direção leste e depois de percorrer sete jornadas, damos com a província de Egrigaia, onde há muitas cidades e castelos. Ela depende da grande província de Tanguth, cuja capital se chama Calacia. Os habitantes são idólatras, salvo alguns cristãos nestorianos, que têm ali três igrejas. São todos súditos do Grande Khan. Encontra-se na cidade de Calacia um pano que é chamado camelão, feito de lã branca e de pelo de camelo;[61] não há mais belo no mundo inteiro, o que faz que os mercadores o exportem para diversos países.

Capítulo LXIV
Da província de Tenduch, de Gog e Magog, e da cidade dos cianiganianos

Deixando a província de Egrigaia no sentido do oriente, a estrada leva à província de Teuduch,[62] que contém muitas cidades e castelos, e onde o grande rei, famoso por toda a terra com o nome vulgar de Preste João, tinha outrora a sua morada; hoje, porém, essa

---

[61] Daí o nome dado a esses tecidos.
[62] Não concordam os comentadores acerca da situação real dessas últimas províncias e das cidades de que se vai tratar.

província paga tributo ao Grande Khan; tem um rei que é da linhagem do grande Preste João. Além disso, todos os Grandes Khans, desde a morte daquele que perdeu a vida no combate que travou contra Cinchis, sempre têm dado suas filhas em casamento àqueles reis. E embora haja no país alguns idólatras e alguns maometanos, a maior parte dos habitantes da província é cristã, e os cristãos ocupam o primeiro lugar na província, sobretudo em meio a certa nação chamada Argon, que supera os outros povos em capacidade e excelência. Há também duas regiões chamadas Gog e Magog. Encontra-se nessa terra o chamado lápis-lazúli, com que se faz um excelente azul. Fabricam-se também tecidos de pelo de camelo, excelentes, assim como tecidos de seda e ouro, de diversos estilos. Há ali uma cidade chamada Sindacui, onde se fabricam armas ótimas e belíssimas de vário tipo, para uso dos guerreiros. Há nas montanhas dessa província grandes minas de prata e grande quantidade de animais selvagens para a caça; a região montanhosa é chamada Ydisa. A três dias de viagem dessa cidade, encontra-se outra, chamada Cianiganiorum, onde está um magnífico palácio pertencente ao Grande Khan, em que ele reside quando visita a cidade. Visita-a com frequência, pois há perto da cidade uns pântanos com toda espécie de aves, principalmente grous, faisões, perdizes e outras espécies. Capturam essas aves com gerifaltes ou falcões; isso proporciona ao rei um prazer especial. Lá se acham cinco tipos de grous: alguns têm asas negras como corvos; outros são brancos, com plumas ornadas com olhos cor de ouro, como os nossos pavões; lá encontramos também outros que são como os nossos; outros há que são menores, mas com belíssimas plumas, de cor meio vermelha, meio negra; a quinta espécie é de cor cinza, com olhos vermelhos e negros, e estes são muito grandes. Perto dessa cidade fica um vale onde se vê grande quantidade de cabanas, nas quais se criam numerosas perdizes, reservadas para o rei em suas visitas à cidade.

Capítulo LXV
Da cidade de Ciandu e de seu bosque, e de algumas festas dos tártaros

São três dias de viagem na direção norte da cidade de Cianiganiorum até a de Ciandu, que foi construída pelo Grande Khan Kublai, o qual nela mandou construir um magnífico palácio de mármore ornado de ouro.[63] Perto desse palácio há um parque real, cercado de muralhas por todos os lados, com quinze milhas de circunferência. Nesse parque há fontes e riachos, prados e muitos tipos de animais, como cervos, gamos, cabritos e falcões, criados para o prazer e para a mesa do rei, em suas visitas à cidade. Pois ele a visita com frequência, para divertir-se com as caçadas; monta a cavalo e leva consigo um leopardo domado, que ele lança sobre os gamos e, depois de ter capturado o animal, o leva aos gerifaltes, e com isso o rei sente imenso prazer. No meio desse parque há uma casa construída com caniços magníficos, dourada por fora e por dentro e cheia de belas pinturas; é construída com tanto engenho, que a chuva em nada

---

[63] Situava-se essa residência de verão na Mongólia, ao norte da província de Pe-tchi-li e da Grande Muralha. (P.)

pode danificá-la. Pode-se levar essa casa aonde se quiser, como uma tenda, pois dizem que ela é presa com duzentas cordas de seda; os caniços de que é feita têm quinze passos de comprimento e três palmos de largura; tudo é feito com eles: as colunas, as mesas, as estruturas e as coberturas. Esses caniços são partidos no lugar dos nós, e cada parte fendida forma como duas pequenas canaletas, pelas quais escorre a chuva, não causando nenhum dano. O Grande Khan costuma residir ali por três meses a cada ano, a saber, junho, julho e agosto; pois aquele lugar tem um ar muito saudável, não estando exposto aos ardores do sol. Durante esses três meses, a casa permanece de pé, e o resto do tempo, é dobrada e guardada. O rei parte da cidade de Ciandu no dia 28 de agosto, e vai a outro lugar para fazer um sacrifício solene aos seus deuses e lhes pedir o prolongamento da vida e da saúde, para ele, suas mulheres, seus filhos e seus animais. Pois tem grande quantidade de cavalos brancos e de éguas brancas. Calcula-se o número em até dez mil ou mais. Durante essa festa, prepara-se leite de égua em belos vasos; e o rei, com suas próprias mãos, derrama-o pelo chão, aqui e ali, imaginando, instruído nisso por seus magos, que os deuses bebem esse leite derramado e que isso os compromete a cuidar de todos os seus bens. Depois desse sacrifício, o próprio rei bebe esse leite de éguas brancas, e a ninguém mais é permitido bebê-lo aquele dia, a menos que seja da casa real, salvo um povo daquelas paragens, chamado Horiach, que tem também esse privilégio, por causa de uma grande vitória que obteve a serviço do Grande Khan Chinchis. Esse costume é observado pelos tártaros desde tempos imemoriais, no dia 28 de agosto; e é por isso também que os cavalos brancos e as éguas brancas gozam de grande veneração entre o povo. Naquela província também se come carne humana, tomada daqueles que foram executados por seus crimes: pois os que morrem de doença não são comidos. O Grande Khan dispõe de magos que, com sua arte diabólica, escurecem o ar e provocam tempestades, deixando iluminado apenas o palácio real. Esses magos, com a mesma arte, quando o rei está à mesa, fazem que os vasos de ouro onde ele bebe vão por si sós à mesa onde ele está, de outra mesa que fica no meio de um pátio e serve de bufê; e dizem fazer tudo isso graças a uma força secreta. E isso pode ser visto por milhares de pessoas presentes. E não há em nossos países eruditos necromantes que vos dirão que essas coisas podem ser feitas com facilidade?[64] Quando celebram as festas de seus ídolos, o rei lhes dá carneiros, por eles oferecidos aos deuses, queimando muita madeira de aloés e incenso, em sacrifício de bom odor. Depois disso, eles mandam assar a carne do carneiro, e a oferecem como alimento a seus ídolos, com gritos de satisfação; e, ao esparramarem o sumo pela terra à sua frente, garantem com isso obter da clemência dos deuses a fertilidade da terra.

---

[64] Pauthier, baseando-se nessa última frase, aliás bem característica, entrega-se a longas considerações sobre as singulares afirmações do viajante. "Riremos", diz ele, "desses povos que se deixam levar por pretensos magos, como se entre nós, que nos julgamos dotados de grande sabedoria filosófica, não se acreditasse na ação oculta dos espíritos golpeantes, nas mesas giratórias e em outros efeitos maravilhosos. Isso se dá nos salões da alta sociedade, onde é produzido todo tipo de fenômenos sobrenaturais, também por uma virtude secreta, pelo menos em aparência, e milhares de pessoas que deles foram testemunhas também atestam fatos que nem por isso são reais".

Capítulo LXVI
De alguns monges idólatras

Encontram-se nesse país muitos monges dedicados ao serviço dos ídolos; têm um grande mosteiro, mais ou menos do tamanho de uma aldeia, que abriga cerca de dois mil monges. Estes vivem a serviço dos ídolos, vestidos e barbeados de um jeito diferente dos outros. Pois raspam os cabelos e a barba e vestem um hábito religioso; sua ocupação é cantar, ou melhor, berrar, nas festas dos ídolos; acendem muitos círios no templo e fazem muitas outras cerimônias ridículas e extravagantes. Há em outros lugares outros monges idólatras, alguns dos quais têm muitas mulheres; outros preservam o celibato em honra dos deuses e levam uma vida austera, pois só comem farelo cozido na água. Vestem-se também de burel de cor escura; dormem sobre assoalhos muito frios. No entanto, os outros monges que levam uma vida mais folgada consideram heréticos os que levam essa vida tão austera, dizendo que não honram a Deus como se deve.[65]

---

[65] Trata-se aí das bonzarias de toda espécie que sempre pululuram no vasto império asiático, de que são pragas, por assim dizer, normais; pois a incontável população que elas contêm não só é improdutiva, mas vive das superstições que ela cultiva no povo e com as quais obtém riquezas consideráveis. Repetidas vezes os imperadores tentaram destruir essas bonzarias, mas sempre em vão.

LIVRO II

Capítulo I
Do poder e da magnificência de Kublai, grande rei dos tártaros

Resolvi fazer neste segundo livro a descrição da pompa, da magnificência, da suntuosidade da potência, das riquezas e do governo do império de Kublai, imperador dos tártaros, que detém hoje o cetro. Pois supera ele em muito os seus predecessores em magnificência e na extensão de seu domínio; estendeu de tal maneira as fronteiras de seu império, que tem quase todo o Oriente sob seu poder. É da linhagem de Chinchis, primeiro príncipe dos tártaros; é o sexto imperador dessa monarquia, tendo começado a reinar no ano de Nosso Senhor de 1256 e governando seus povos com muita sabedoria e majestade. É homem valente e experimentado nas armas, vigoroso de corpo e de espírito e rápido na execução; homem prudente, ponderado e circunspecto no governo de seus povos. Pois, antes de subir ao trono, exerceu muitas vezes o seu dever de soldado, em diversas ocasiões, e deu provas de prudência; mas desde que se tornou imperador só esteve presente numa única batalha, e dá o comando de seus exércitos aos filhos ou a alguns dos seus cortesãos.

Capítulo II
De como o rei Kublai foi alvo da rebelião de seu tio Naiam

Dissemos que o rei Kublai se viu só uma vez à frente de seu exército; é preciso, agora, dizer em que ocasião. No ano de Nosso Senhor de 1286, seu tio do lado paterno, chamado Naiam, aos trinta anos de idade e vendo-se senhor de um grande povo e de muitos países, tanto se encheu de vaidade, que resolveu revoltar-se contra seu senhor Kublai, e armou contra ele um grande exército; e, para melhor êxito de seu empreendimento, aliou-se a um rei chamado Caydu, sobrinho do imperador Kublai, e que o odiava. Assim, para apoiar sua rebelião, prometeu-lhe vir juntar-se a ele em pessoa no comando de cem mil homens. Ora, haviam combinado reunir-se em certa planície, com suas tropas, para invadir as terras do imperador. Naiam contava com cerca de quarenta mil homens armados.

Capítulo III
De como Kublai se precaveu contra os inimigos

Não ignorando o que os parentes maquinavam contra ele e com quanta animosidade conspiravam contra a sua pessoa e o seu estado, jurou o imperador pela própria cabeça e pela coroa imperial que vingaria tamanha insolência e puniria tão negra perfídia. Em seguida, reuniu em três semanas um numeroso exército, composto de trezentos e sessenta mil cavaleiros e de cem mil homens a pé, vindos apenas das cercanias da cidade de Cambalu. E, embora tivesse podido armar um exército ainda maior, não quis fazê-lo, para estar mais rapidamente em condições de surpreender os inimigos, que não esperavam tamanha rapidez, e para que sua decisão não fosse conhecida por Naiam, seu inimigo, e não se fortificasse em algum lugar vantajoso. O imperador tinha então outros exércitos armados, que enviara para subjugar diferentes províncias e que não quis chamar de volta, para que o seu plano não fosse descoberto pelo inimigo. Por isso mandou vigiar rigorosamente, em toda sua extensão, as estradas, para que os inimigos não tivessem nenhuma notícia de sua chegada. Pois todos os viajantes eram detidos pelos guardas do rei, para que ninguém pudesse informar Naiam dos planos do imperador. Tudo assim ordenado, o rei consultou os astrólogos, para saber em que dia e em que hora devia partir para ter bom sucesso em seu empreendimento. Todos os astrólogos lhe garantiram. unanimemente, que a sua expedição seria bem-sucedida e que o tempo lhe era favorável para vencer os inimigos.

Capítulo IV
De como Kublai venceu Naiam

O imperador partiu, então, com essa garantia e se dirigiu à mencionada planície, onde Naiam ainda aguardava a chegada do rei Caydu, que devia trazer-lhe auxílio. Acampado o seu exército sobre uma colina, ali passou a noite com todos os seus homens. Enquanto isso, os soldados de Naiam, que de nada desconfiavam, nem julgavam que houvesse algo que temer, exploravam os campos, uns armados, outros desarmados; passada, porém, a noite, ao raiar do dia, o imperador subiu ao topo da colina; dividiu seu exército em doze batalhões de três mil homens cada. Foram os batalhões, ordenados de tal forma, que, em alguns batalhões, a infantaria cobriria com suas lanças a frente dos combatentes. O rei estava numa fortaleza admirável, erguida sobre quatro elefantes, onde também estava o estandarte real; mas, logo que o exército de Naiam percebeu as insígnias e os acampamentos de Kublai, foi tomado de grande espanto, pois o reforço que esperava do rei Caydu ainda não havia chegado. Apavorados, correram até a tenda de Naiam, que dormia, e o despertaram. Ele se levantou e colocou o mais rápido que pôde o seu exército em posição de batalha. É costume geral entre os tártaros tocar a trombeta e percutir todo tipo de instrumentos de guerra, berrando até perderem o fôlego, antes que o rei dê o sinal para atacar o inimigo; assim, feita essa cerimônia nos dois exércitos, o rei mandou que as trombetas dessem o sinal de atacar as tropas de Naiam. De imediato, o combate foi muito sangrento, pois o ar se escureceu com uma chuva de flechas e dardos, e, abandonadas as máquinas de lançar pedras, os adversários se matavam com golpes de lança e espada. Naiam se dizia cristão, mas não seguia as máximas da religião cristã; no entanto, mandara pintar em seu principal estandarte o sinal da cruz e tinha muitos cristãos com ele. O combate durou desde a aurora até o meio-dia; morreu muita gente nos dois exércitos, mas por fim Kublai saiu vencedor e fez o inimigo fugir. Assim que o exército de Naiam começou a fuga, esse príncipe foi capturado, e grande multidão de fugitivos foi morta.

Capítulo V
De como morreu Naiam

O rei Kublai, tendo o inimigo entre as mãos, ordenou que fosse morto de imediato, para punir a temeridade de ousar tomar as armas contra o seu soberano e fomentar tão negra rebelião; mas, sendo de sua linhagem, não quis derramar o sangue real, nem que a terra fosse com ele embebida, nem que o céu e o ar fossem testemunhas da vergonhosa morte de alguém da linhagem régia. Ordenou, portanto, que Naiam fosse posto num saco e amarrado e sacudido até sufocar. Depois de sua morte, os principais e todo o povo rebelde que sobreviveram ao combate, entre os quais muitos cristãos, se submeteram de bom grado ao domínio e à obediência do imperador Kublai. E então quatro províncias se juntaram ao seu império.[1]

Capítulo VI
Kublai impõe silêncio aos judeus e aos maometanos

Ora, os judeus e os maometanos que estavam no exército de Kublai zombavam dos cristãos que haviam lutado com Naiam, dizendo que Jesus Cristo, cujo signo Naiam ostentara em seu estandarte, não pudera socorrê-los; e reiteravam todos os dias essas caçoadas,

---

[1] Os domínios de Naiam, sucessivamente aumentados à custa dos apanágios de outros príncipes mongóis, formavam o que hoje se chama Grande Manchúria, a nordeste de Pequim e a vinte jornadas de viagem dessa capital. (P.)

para cobrir de vergonha os cristãos e de desprezo sua religião, bem como o poder de Cristo. Ora, os cristãos que se haviam submetido à obediência do rei Kublai, não podendo mais suportar tais ultrajes, sobretudo por se voltarem contra a honra de Jesus Cristo, queixaram-se ao imperador. Ele mandou, então, reunir os judeus e os maometanos, e, voltando-se para os cristãos, disse-lhes na presença de todos: "Vosso Deus e sua cruz não quiseram prestar nenhum socorro a Naiam; mas nem por isso deveis entristecer-vos, nem vos envergonhar de vossa religião, porque Deus, que é bom e também é justo, não pode, portanto, favorecer o crime e a injustiça. Naiam traíra seu rei, provocara uma rebelião contra toda lei e justiça; depois disso, implorava maliciosamente o auxílio de vosso Deus; mas Ele, como Deus bom e justo que é, não quis favorecer seus maus desígnios". Ordenou, em seguida, aos judeus e aos maometanos e a todos os inimigos do nome cristão que não mais blasfemassem contra o Deus dos cristãos nem contra a sua cruz; e assim lhes impôs silêncio. Tendo assim apaziguado o tumulto, retornou, coberto de glória e de alegria pela vitória, à cidade real de Cambalu.[2]

Capítulo VII
De como o Grande Khan recompensou seus soldados

Vencedor, o rei Kublai recompensou os generais, os capitães e os soldados de seu exército da seguinte maneira. Aquele que comandava antes da batalha cem

---

[2] Khan-Balikh, ou a cidade do Khan, hoje Pequim. (P.)

soldados foi elevado a patente mais alta, tornando-se chefe de mil, e o mesmo com os demais chefes; deu-lhes também de presente vasos de ouro e prata, placas reais, nas quais estavam gravados privilégios e isenções. De um lado dessas placas estava escrito: "Pelo poder todo-poderoso do grande Deus, e pela graça por ele concedida ao imperador, seja abençoado o nome do Grande Khan!". Do outro lado era gravada a figura de um leão, com o Sol ou a Lua, ou a imagem de um grifo ou de outro animal. Aquele que possui uma dessas placas com a figura do Sol ou da Lua gravada, quando caminha em público, levam-lhe o pálio como sinal de grande autoridade; aquele que tem a figura do grifo pode conduzir e levar consigo, de um lugar a outro, toda a milícia de qualquer príncipe; e assim, essas placas mostram o grau de honra e dignidade dos que as possuem, segundo as diferentes figuras que nelas estão gravadas e que simbolizam o poder por elas representado. E se alguém negar obediência à vista dessas placas, segundo a autoridade nela expressa, será morto como rebelde às ordens do imperador.

Capítulo VIII
Retrato do rei Kublai, de suas mulheres e filhos

O rei Kublai é um belíssimo homem, de estatura mediana, nem gordo, nem magro, de rosto corado e aberto, olhos grandes, nariz benfeito, e todos os traços e as partes do corpo muito bem proporcionadas; tem quatro mulheres que considera legítimas, e o filho mais velho da primeira esposa é seu sucessor à coroa. Cada uma dessas quatro mulheres tem sua corte particular em seu palácio, com cerca de trezentas jovens para servi-la e muitos outros domésticos, cada qual com cerca de dez mil pessoas em sua corte. Além dessas quatro mulheres, o rei tem muitas esposas não legítimas: pois há entre os tártaros certa nação, chamada Ungrac, que produz mulheres belíssimas e bem-educadas, uma centena das quais, as mais excelentes, ele sustenta em seu palácio. Além disso, o rei tem de suas quatro mulheres legítimas vinte e dois filhos; o mais velho da primeira chamava-se Chincis; devia sucedê-lo no império se não tivesse morrido antes do pai. Esse Chincis deixou um filho, chamado Temur, que é prudente e hábil com as armas e sucederá a Kublai, seu avô, no lugar de seu pai. De resto, o rei Kublai tem vinte e sete meninos de suas mulheres não legítimas, todos eles grão-senhores em sua corte.

Capítulo IX
De seu palácio na cidade de Cambalu e de sua bela localização

O imperador reside na cidade real de Cambalu durante três meses do ano, a saber dezembro, janeiro e fevereiro. Seu palácio é de arquitetura admirável; tem quatro milhas de perímetro, ou seja, uma milha de comprimento e outra de largura. As muralhas têm dez passos de altura e são muito grossas; são pintadas de branco e vermelho por fora. A cada ângulo desse quadrado há um magnífico palácio, e outras tantas fortalezas; e no meio de cada muro que o cerca há outro palácio suntuoso, de modo que há oito palácios ao todo. É nesses palácios que são guardadas as armas, os instrumentos de guerra, os canhões e outras máquinas que servem para a guerra, os arcos, as flechas, as aljavas, as esporas, as rédeas, as lanças, as maças, as cordas dos arcos. Tudo isso fica armazenado, cada espécie num determinado palácio: de modo que é realmente o arsenal real. A face do palácio que dá para o sul tem cinco portas, sendo a do meio maior que as outras; só é aberta para o rei. Pois só é permitido ao rei entrar por essa porta; mas os que acompanham o rei entram pelas quatro outras, que ficam ao lado dela. Cada uma das três outras faces tem só uma porta no meio, por onde todos têm permissão de passar. Além disso, há uma segunda muralha interior, além daquela de que falamos, que tem, como a primeira, oito palácios, tanto nos ângulos como no meio dos lados. Nesses palácios são guardados os vasos preciosos e as joias do rei; no meio do espaço do quadrado interno fica o palácio onde mora o rei. Esse palácio não é bem iluminado; pois seu assoalho é elevado de dez palmos em relação ao exterior, e o teto é também altíssimo e ornado com belas pinturas; as muralhas dos pátios e do cercado resplandecem de ouro e prata; são pintadas de diferentes maneiras; mas em especial nelas se veem várias cenas de histórias de guerras, representadas em cores vivas, e tudo de ouro cintilante. No grande pátio desse palácio, há uma mesa em que seis mil homens podem comer ao mesmo tempo. Entre as duas muralhas que cercam esse palácio, há muitos parques, muitos prados e um sem-número de árvores, frutíferas ou não. Esses parques estão cheios de animais selvagens, a saber, cervos, animais almiscarados, cabritos, gamos e outros bichos de diversas espécies.

Do lado norte, há viveiros onde se cria o melhor peixe do mundo; entra nesse lago um riacho, que dele também sai, mas a entrada e a saída são fechadas por grades de ferro, para que o peixe não escape. A uma légua de distância do palácio, há um pequeno monte bastante alto, que chega a uma milha de circunferência, e sobre o qual há, em todas as estações, uma plantação de árvores sempre verdes. O rei faz questão de levar para essa montanha as melhores árvores de todos os lugares, mesmo os mais distantes, que são transportadas por elefantes: pois são arrancadas e transplantadas nessa montanha. E por ser sempre verdejante, é chamada Monte Verde. Há no topo um palácio magnífico, onde o Grande Khan com frequência se retira para tratar dos seus negócios. Esse palácio também é pintado de verde. Há também outro grande palácio ou castelo, vizinho ao do Grande Khan, no qual Temur, seu neto e sucessor, entretém uma corte real e magnífica. Pois goza de imensa autoridade e dispõe até do selo imperial, embora esteja sujeito ao Grande Khan como seu senhor.

Capítulo X
Descrição da cidade de Cambalu

A cidade de Cambalu situa-se às margens de um rio, na província de Catai; é muito antiga, e há muito a residência real; a palavra Cambalu significa "cidade do Senhor", na língua do país. O Grande Khan mudou-a de lugar e a transferiu para outro ponto do rio, ao ser informado pelos astrólogos que ela devia ser rebelde ao império.[3] A cidade tem forma quadrada e pode ter oitenta milhas de superfície, tendo cada lado seis milhas de comprimento. São caiadas as suas muralhas; têm vinte passos de altura, dez de largura e se erguem com certa inclinação. Cada lado longo da muralha tem três portas principais, que somam doze no todo; junto a cada porta há magníficos palácios; há também belos edifícios nos ângulos dos muros, que servem para guardar as armas da cidade; há nessa cidade ruas e praças dispostas linearmente, de modo que se pode ver, de uma porta a outra, toda a extensão da cidade. Essas ruas são ornamentadas, de cada lado, por belas casas; no meio da cidade, há uma casa com um enorme sino, que a cada noite dá o sinal com três badaladas, para avisar que ninguém deve sair de casa até o dia seguinte, a não ser para socorrer os enfermos. Pois os que são obrigados pela necessidade a sair à noite devem trazer consigo uma lâmpada acesa. Cada porta da cidade é guardada por mil soldados, nem tanto por medo dos inimigos, quanto dos ladrões e bandidos, pois o rei se empenha muito para que essa raça maldita seja exterminada.

---

[3] Cambalu, na província de Catai, não seria outra, segundo Pauthier, do que Pequim, antiga capital efetiva do império chinês. "Kublai, deixando a velha cidade", diz ele, "mandou edificar bem perto uma nova, separada da primeira por um rio que é afluente do Pei-ho. É nessa nova cidade que ainda se encontram os palácios imperiais e os grandes edifícios públicos, muitos dos quais datam da época mongol". — Certos comentadores recentes, porém, expressam dúvidas acerca dessa identificação.

Capítulo XI
Dos arrabaldes e dos mercadores da cidade de Cambalu

Fora da cidade de Cambalu, há doze grandes arrabaldes, que ficam colados às doze portas; neles se encontram muitos mercadores e normalmente se hospedam os estrangeiros. Pois em razão da corte do rei e da afluência de mercadorias que se acham nesses subúrbios, neles vemos todos os dias uma multidão de gente que ali vai negociar. Esses arrabaldes não são como os das outras cidades, pois seus edifícios igualam-se em beleza aos da própria cidade, salvo o palácio real. Não se sepulta nenhum cadáver dentro dos muros da cidade, mas só fora dos arrabaldes; os idólatras cremam seus cadáveres, mas as outras seitas os enterram. É impossível dizer quantos tipos de mercadorias e de objetos são transportados nessa cidade; parece até que há o suficiente para abastecer todo o universo. Ali trazem pedras preciosas, pérolas, seda e diversos tipos de perfume de diferentes países; pois essa cidade é como o centro onde vêm desembocar todas as províncias vizinhas, e não se passa um dia sequer durante o ano inteiro em que os mercadores estrangeiros não tragam cerca de mil carruagens carregadas de seda, com que se fabricam tecidos admiráveis nessa cidade.

Capítulo XII
O Grande Khan dispõe de uma guarda numerosíssima

O Grande Khan tem para sua guarda pessoal doze mil cavaleiros, chamada "quesite", ou seja, fiéis soldados do rei, que protegem a sua pessoa; tem essa tropa quatro chefes, cada um dos quais comanda três mil homens; seu trabalho é, como dissemos, proteger o rei, dia e noite; por isso se alimentam na corte. Usam em sua guarda da seguinte ordem: cada comandante faz a guarda com seus três mil homens; depois disso, é substituído por outro comandante, também este com três mil homens, e assim por diante, durante o ano inteiro. Não que o imperador tenha algo que temer, mas assim faz resplandecer ainda mais a sua magnificência.

Capítulo XIII
Do magnífico aparato de seus banquetes

Eis como se procede na pompa e na suntuosidade dos banquetes do rei. Quando, por alguma festa ou por qualquer outra razão, o rei quer dar um banquete, o que normalmente acontece no grande pátio de seu palácio, a mesa onde ele deve comer é levada à parte setentrional do pátio, e mais elevada que as outras mesas. Quando o rei se põe à mesa, seu rosto está voltado para o sul, tendo à esquerda a primeira rainha e, à direita, seus filhos e sobrinhos, e todos os que pertencem à casa real. A mesa deles é, porém, mais baixa, de modo que suas cabeças estão à altura dos pés do rei; os barões e cortesãos e demais oficiais de guerra ficam num lugar ainda mais baixo, cada qual com sua esposa à esquerda; cada um ocupa seu lugar na hierarquia, e as mulheres acompanham a condição do marido. Pois todos os nobres que devem jantar na corte num dia de festa levam consigo suas mulheres; e é o próprio imperador, enquanto está à mesa, que passa em revista com os olhos todos os convidados. Fora desse pátio real, há outros pátios ao lado, nos quais, em dia de solenidade, chega a haver quarenta mil convidados; uns são cortesãos, outros vêm para renovar sua submissão ao imperador. Há grande quantidade de comediantes e saltimbancos; por isso, no meio do pátio real, é colocado um vaso de ouro, do qual jorra o vinho ou algum outro licor, como de uma fonte; e há quatro bacias de ouro, colocados aqui e ali, para receberem esse doce licor, de onde é tirado para em seguida servir a todos os que estão à mesa. Todos os que são servidos nesse pátio bebem em taças de ouro; é indizível o grande aparato ou a quantidade de taças de ouro e de utensílios usados quando o Grande Khan dá uma festa pública. Os príncipes que servem o rei à mesa cobrem a boca com um tecido muito fino, para que sua respiração ou seu hálito não cheguem à comida ou à bebida do rei. E quando o imperador ergue a taça para beber, todos os músicos e trompetistas começam a tocar uma agradável música, e todos os cortesãos se põem de joelhos. Não é necessário descrever os pratos da mesa do rei, sua delicadeza e sua magnificência, nem com que pompa e esplendor são servidos. Terminada a refeição, os cantores e os músicos, os necromantes e os comediantes vêm fazer seus concertos e suas caretas diante da mesa do rei; o que lhe proporciona bom humor e uma agradável digestão.

Capítulo XIV
Como se comemora o aniversário do rei

Todos os tártaros observam o costume de comemorar com muita pompa o aniversário de seu príncipe. O do imperador Kublai cai no dia 28 de setembro, e ele o celebra com maior solenidade do que qualquer outra data do ano, com exceção das calendas de fevereiro, que são o começo do ano. O rei, no seu aniversário, veste um traje de preciosíssimo tecido de ouro; todos os cortesãos também se vestem o mais magnificamente que puderem; o rei dá a cada um deles caríssimos casacos de ouro, e sapatos feitos de couro de camelo e costurados com fio de prata; assim, cada qual trata de prestar homenagem ao rei com magnificência, tendo cada cortesão o aspecto de um rei. Tal pompa não é observada só no aniversário do rei, mas em todas as festas celebradas pelos tártaros durante o ano, que são treze. Em todas elas o rei dá de presente aos grandes de sua corte trajes magníficos, ornados de ouro, pérolas e outras pedras preciosas, assim como vestidos e sapatos, como já dissemos. E todos esses trajes dos cortesãos têm a mesma cor que o do rei. É também costume entre os tártaros que, no aniversário do Grande Khan, os príncipes e os nobres de seu império enviem presentes ao imperador; e aqueles que dele pretendem obter algum favor se dirigem a doze barões designados para isso, cuja resposta vale como se fosse do próprio imperador. Toda gente, seja de que seita for, cristãos, judeus, maometanos, tártaros e outros pagãos, é obrigada a rezar a seus deuses pela vida, conservação e prosperidade do Grande Khan.

Capítulo XV
Do primeiro dia do ano, data solene para os tártaros

O primeiro dia de fevereiro é o começo do ano para os tártaros. Festejam-no com grande solenidade, onde quer que estejam; e tanto os homens como as mulheres se vestem de branco aquele dia, chamando por isso aquela festa de festa dos brancos: pois creem que o traje branco seja bom presságio. Por isso se vestem dessa cor no primeiro dia do ano, na esperança de que isso lhes traga felicidade no resto do ano; os governantes das cidades e os comandantes das províncias, como sinal de submissão, enviam nesse dia presentes ao imperador: a saber, ouro, prata, joias, pérolas, tecidos preciosos e cavalos brancos; por isso, às vezes o rei recebe nesses dias cem mil cavalos brancos; os tártaros também trocam presentes uns com os outros no começo do ano; e creem que isso lhes traga boa sorte durante o resto do ano. Nesse dia, enfim, são levados à corte todos os elefantes do rei, que são cinco mil, cobertos de tapeçarias sobre as quais estão estampadas as figuras de diversos animais, tanto celestes como terrestres; eles carregam nas costas cofres carregados de vasos de ouro e de prata, que servem para a celebração dessa magnífica festa dos brancos. Também são levados muitos camelos, cobertos de belíssimos tecidos, carregados de todas as provisões necessárias para tão grande festim. Logo ao nascer do Sol do dia dos brancos, todos os duques, barões, oficiais, médicos, astrólogos, comandantes de províncias e exércitos, e todos os oficiais do imperador se dirigem à corte. E como aquele lugar não pode recebê-los a todos, por causa da multidão, dirigem-se aos pátios vizinhos.

Estando cada qual em ordem segundo sua dignidade e a importância de seu cargo, um dos guardas se ergue no meio da multidão e brada em alta voz: "Inclinai-vos e adorai!". Dito isso, todos rapidamente se ajoelham; e, pondo a testa contra o chão, é como se adorassem a Deus, o que fazem por quatro vezes. Feito isso, cada qual vai, de acordo com sua condição, até o altar, que é colocado no pátio sobre uma belíssima mesa pintada de vermelho, e sobre a qual está escrito o nome do Grande Khan e, tomando de um belíssimo incensório, queima diversos tipos de perfumes sobre o altar e sobre a mesa erguida em honra do Grande Khan. Em seguida, cada qual volta para o seu lugar. Terminado esse incensamento, cada um oferece os presentes de que falamos acima. Ao término de todas as cerimônias, montam-se as mesas e é servido um magnífico banquete, onde todos se divertem a valer. Depois da refeição, entram os músicos e os comediantes, que completam o bom humor dos presentes. Nesse tipo de festa, levam ao rei um leão adestrado, que se deita aos seus pés, manso como um cãozinho que reconhece o dono.

Capítulo XVI
Dos animais selvagens que de toda parte são enviados ao Grande Khan

Durante os três meses em que, como dissemos, o Grande Khan reside em Cambalu, a saber, dezembro, janeiro e fevereiro, todos os caçadores que o rei tem em todas as províncias das proximidades de Catai se ocupam da caça e enviam aos comandantes todos os animais grandes que consigam capturar, como cervos, ursos, cabritos, javalis, gamos e outros animais selvagens; e quando esses comandantes estão distantes menos de trinta jornadas da corte do imperador, mandam esses animais em carruagens e navios, depois de tê-los estripado antes; mas se estiverem a mais de trinta jornadas de distância, enviam só as peles, com as quais são feitos seus equipamentos de guerra.

Capítulo XVII
De como o Grande Khan captura os animais selvagens valendo-se de animais domesticados

O Grande Khan cria diversos animais, e, quando são domesticadas, deles se serve na caça, e muito se diverte vendo um dos animais domesticados em combate contra um animal selvagem. Tem principalmente leopardos adestrados, muito bons na caça, que capturam muitos animais. Tem também linces, que não são menos hábeis nesse exercício, e leões muitos grandes e belos; são maiores do que os da Babilônia e têm pelos de todas as cores, brancos, negros e ruivos, e também adestrados à caça: pois os caçadores se servem deles com frequência para capturar javalis, ursos, cervos, cabritos, asnos e bois selvagens. Costumam levar dois leões numa espécie de trenó quanto vão caçar; eles são seguidos cada qual por um cãozinho. O imperador tem também muitas águias adestradas, que capturam lebres, cabritos, gamos e raposas. Algumas dessas águias são tão audazes, que se lançam impetuosas sobre os lobos e tanto os cansam, que depois disso os homens conseguem capturá-los sem esforço e sem perigo.

Capítulo XVIII
Da ordem observada quando o Grande Khan vai caçar

O Grande Khan tem dois barões que são como seus grandes caçadores; cada um desses barões tem sob seu comando dez mil homens, que se encarregam de todas as coisas necessárias à caça; pois criam cães grandes e os adestram, e quando o Grande Khan quer divertir-se e fazer uma caçada improvisada, os dois barões acima mencionados levam consigo os vinte mil homens que comandam uma grande matilha de cães, normalmente cerca de cinco mil, e se colocam no lugar onde o rei quer caçar. Permanece o rei com a sua corte no meio da planície, e os dois grandes caçadores com seus comandados se postam à direita e à esquerda do rei; a tropa de um desses grandes caçadores veste-se de vermelho; a do outro, de azul. Os homens de cada esquadrão posicionam-se lado a lado sobre uma linha, e os do outro esquadrão ficam igualmente frente à frente; ocupam assim um tão grande espaço, que seria preciso um dia inteiro para ir dos primeiros até os últimos. Trazem consigo seus cães e, depois de se postarem como dissemos, eles os soltam, os quais, correndo dessa maneira por tantos lugares, não podem deixar de capturar grande número de presas: pois esse terreno está repleto de animais selvagens, e é quase impossível que algum consiga evitar os laços ou os cães.

Capítulo XIX
Da caça às aves pelo Grande Khan

À chegada do mês de março, o Grande Khan deixa a cidade de Cambalu e vai para o campo, no litoral do oceano, levando grande número de caçadores de aves, cerca de mil, que trazem falcões, gaviões e muitos outros tipos de aves de rapina, próprias para essa caça: são pelo menos quinhentas dessas aves. Esses caçadores espalham-se pelos campos e soltam seus falcões e seus gaviões sobre as aves, que ali são abundantes; todas as aves capturadas, ou pelo menos a maior parte delas, são levadas ao rei. Permanece o rei numa casinha de madeira carregada por quatro elefantes e coberta de peles de leão, e dourada por dentro. Para lhe fazer companhia, o rei tem consigo alguns dos principais cortesãos e doze dos melhores gaviões. Ao redor e ao lado dos elefantes que carregam o castelinho real, há muitos fidalgos e oficiais a cavalo, que, ao avistarem algum faisão, grou ou outras aves no ar, avisam primeiro os caçadores que estão perto do rei, e estes avisam o imperador; é retirada a cobertura da casinha real onde ele está, e são soltos os falcões e os gaviões; assim, o rei pode acompanhar a caçada sem se mexer. Esses dez mil homens que participam da caçada e se espalham pelo campo dois a dois observam de que lado os falcões e os gaviões voam e os socorrem se necessário. Chama-se esse tipo de gente em língua tártara *toscaor*, que quer dizer guardas, e conseguem chamar de volta as aves sempre que quiserem; e não é preciso que o caçador que solta a ave a siga, porque aqueles que acabamos de mencionar estão de prontidão e tomam as medidas necessárias para que nenhum deles se perca ou seja ferido. Os que estão mais perto da ave, durante o combate, são obrigados a ajudá-la; as aves assim soltas carregam uma plaquinha do príncipe e de seu caçador, para que, se vier a se perder, possa ser reconhecida e trazida de volta. Se o selo não for reconhecido, ela é levada a um barão, por isso conhecido na língua do país como *bularguci*, ou seja, guardião das aves perdidas, e ele as conserva até que alguém as venha reclamar. O mesmo acontece com os cavalos ou com coisas perdidas na caça. E aquele que não entregar imediatamente a esse barão algo que tiver encontrado na caçada e dela se servir durante algum tempo, é punido como ladrão. Por esta razão, esse guardião dos achados e perdidos hasteia o seu estandarte sobre um morro enquanto acontece a caçada, para que seja visto de longe, em meio à enorme multidão que lá se encontra, e com isso possam ser recuperadas as coisas perdidas.

Capítulo XX
Das magníficas tendas do Grande Khan

Enquanto a gente se diverte na caça aos pássaros, chega-se a uma planície em que se erguem tendas, tanto para o rei como para toda a sua corte, em número de cerca de dez mil, que se ordenam como vou dizer. Há, em primeiro lugar, uma grande tenda sob a qual podem abrigar-se facilmente mil pessoas, e cuja entrada dá para o sul. Ali se alojam os barões, os nobres e os oficiais; junto a ela há outra que dá para o ocidente, que é como a corte e o conselho do rei, onde ele entra quando quer falar com alguém. Num canto dessa tenda há um leito onde o rei dorme; há também outros quartos, pátios e apartamentos junto a essa tenda real. Eis como são construídas as tendas do rei, isto é, aquelas onde ficam a sua cama, a sua corte e o seu conselho; cada uma delas é sustentada por três colunas de madeira de cheiro, ornadas com esculturas, cobertas de peles de leão vermelhas e negras, pois há naquelas terras leões de diversas cores. Tais tendas não podem ser danificadas nem pelos ventos nem pela chuva, pois os couros de que são cobertas são fortes o bastante para resistir a todas as injúrias do ar. O interior das tendas é atapetado de ricas peles de arminho e de zibelinas, embora essas peles sejam muito raras e caras por lá. As cordas que sustentam essas três tendas são de seda. Ao redor dessas três tendas reais há muitas outras para as mulheres e para os filhos do rei; outras há para os falcões, os gaviões, os mochos e as outras aves que servem ao prazer da caça; há, enfim, tal quantidade de tendas, que parecem, quando nos aproximamos do acampamento, que é uma enorme cidade. Acorre também grande multidão de curiosos, para assistirem a tão belo espetáculo, além daqueles que trabalham nos escritórios do rei, que lá erguem suas tendas, exatamente como têm sua sede na cidade de Cambalu; por exemplo, os médicos, os astrólogos e os outros adivinhos do rei. Permanece o rei nessa planície durante todo o mês de março, e nesse tempo é capturada uma infinidade de animais e de aves; por outro lado, ninguém tem permissão para caçar em todas as províncias daquele reino, pelo menos num raio de vinte jornadas a pé, tampouco possuir cães ou aves de caça; é principalmente proibido, desde o começo do mês de março até o mês de outubro, capturar, seja de que maneira for, cervos, gamos, cabritos, lebres e outros animais de caça. É também por isso que nessa região são abundantes todos os tipos de animais, e a maior parte deles está tão acostumada aos homens, que muitas vezes passam perto deles sem se amedrontar. O rei, depois de sustentar durante três dias todos os que convidou a essa caçada, retira-se para a sua residência e permite que cada qual volte para casa.

Capítulo XXI
Da moeda do Grande Khan

A moeda do Grande Khan não é nem de ouro, nem de prata nem de outro metal. Para fabricá-la, usam a casca interna (o líber) da amoreira, a árvore cujas folhas são comidas pelos vermes que fazem a seda. Retirada essa casca, fina como papel, ela é cortada em pedaços de diversos tamanhos, sobre os quais se imprime a marca do príncipe. Eles têm diversos valores, desde a menor quantia até a que corresponde à maior moeda de ouro.[4] O imperador manda imprimir essa moeda na cidade de Cambalu, de onde é distribuída para todo o império: e é proibido, sob pena de morte, fabricar ou expor outra moeda no comércio, em todos os reinos que obedecem

---

[4] Será preciso observar que se trata de um papel-moeda fabricado com as fibras da amoreira, que ainda hoje são particularmente empregadas na confecção do papel japonês, tão estimado entre nós. Rubruquis (cap. XXXIX) também fala desse papel-moeda, que já tinha curso sob o predecessor de Kublai. Pauthier, que consultou os antigos documentos oficiais, diz que sob o reinado de Kublai foram emitidos 1.872.000.000 de papéis-moedas, sem que tais emissões correspondessem a nenhuma reserva equivalente às somas que representavam. Sistema financeiro de comodidade sem igual.

ao Grande Khan, e até mesmo recusar a moeda legítima. Tampouco é permitido a quem venha de outro reino não sujeito ao Grande Khan trazer outra moeda para o império. Por isso, os mercadores que vêm, muitas vezes, de países distantes à cidade de Cambalu trazem consigo ouro, prata, pérolas e pedras preciosas, que trocam por essa moeda imperial; mas, como ela não tem curso em seus países, quando querem para eles voltar, compram mercadorias que levam para seus países. O rei exige, às vezes, daqueles que permanecem em Cambalu, que entreguem para seus oficiais o ouro, a prata e as pedras preciosas que possuem, sem mais tardar, recebendo em troca o justo valor na moeda acima mencionada. Assim, os mercadores e os habitantes nada perdem; e com isso o rei obtém todo o ouro e acumula grandes tesouros. Também paga o imperador com essa moeda os seus oficiais e as suas tropas; e, por fim, paga com ela tudo aquilo de que precisa para o sustento de sua casa e de sua corte. Assim, com uma coisa de nada ele ganha muito dinheiro, e também se pode fazer muito ouro e muita prata com essa miserável moeda. O que faz que não haja no mundo rei mais rico que o Grande Khan, pois ajunta imensos tesouros de ouro e de prata, sem gastar nada com isso.

Capítulo XXII
Dos doze governadores das províncias e de seu ofício

O Grande Khan tem em sua corte doze barões, que governam em seu nome trinta e quatro províncias; seu ofício é estabelecer dois reitores em cada província, para supervisionar os exércitos que o rei mantém nos lugares de seu distrito e fornecer-lhes as coisas necessárias. Mantêm informado de tudo que fazem o rei, que confirma tudo aquilo com a sua autoridade; concedem muitas graças e privilégios. Por isso são muito considerados e seu favor é muito ambicionado. Residem na cidade de Cambalu, num grande palácio a eles destinado, onde há vários aposentos para eles e seus oficiais. Contam também com assessores e contadores, que lhes servem de conselheiros e têm o trabalho de registrar suas decisões.

Capítulo XXIII
Dos correios e mensageiros do Grande Khan e das casas que lhes são destinadas nas estradas

Partem da cidade de Cambalu muitas largas estradas que levam às províncias vizinhas; em cada uma dessas estradas há castelos ou albergues, com belíssimos palácios, a vinte e cinco milhas da cidade de Cambalu, onde repousam os correios do rei. Chamam-se essas moradas na língua do país *janli*, como quem dissesse estábulo de cavalos, pois sempre há naquelas casas trezentos ou quatrocentos cavalos do rei, preparados para os correios de Sua Majestade; e assim, a cada vinte e cinco milhas, se encontram tais albergues, até os confins do império; e em todas as estradas do império há dez mil desses albergues, e o número de cavalos nelas sustentados para o serviço dos correios chega a pelo menos duzentos mil. Nas terras desabitadas, também há essa espécie de tabernas, entre trinta e quarenta milhas de distância umas das outras. As cidades vizinhas são obrigadas a fornecer o alimento dos cavalos e o sustento daqueles que deles tratam; os albergues situados nos desertos recebem suas provisões da corte do rei. Assim, quando o rei quer ser informado de alguma coisa, mesmo de uma extremidade do império à outra, envia cavaleiros que levam as suas ordens e percorrem em um dia de duzentas a trezentas milhas, e em poucos dias percorrem grande parte da terra. O que se faz do seguinte modo: são enviados dois homens a cavalo, que correm sem parar até o primeiro albergue, onde, ao chegarem, deixam os cavalos cansados e montam em outros descansados e em seguida se dirigem à segunda taberna. Fazem isso tanto na ida quanto na volta; e em brevíssimo tempo levam as ordens do rei até os confins do império, ou trazem a ele notícias dos províncias mais distantes. Entre esses albergues também há casas distantes umas das outras três a quatro milhas, onde há muito poucas residências e onde se hospedam os mensageiros a pé, que vestem um cinturão equipado com sininhos. Quando chegam cartas do rei, esses mensageiros estão sempre prontos para levá-las muito rapidamente à primeira casa; e como antes de chegar o som de seus sininhos já os anuncia, outros que se destinam ao mesmo trabalho se preparam para levar as cartas mais adiante. Assim, essas cartas passam de casa em casa, por muitos mensageiros, e chegam desse modo até onde devem ser entregues. E acontece muitas vezes que o rei é informado em três dias, ou recebe frutas novas, de um lugar a dez jornadas de distância de Cambalu. Todos esses mensageiros são isentos de qualquer tributo ou imposto, e recebem, além disso, uma boa recompensa do rei.

Capítulo XXIV
Da previdência do imperador para o caso de carestia dos víveres

O Grande Khan costuma enviar todos os anos mensageiros para diversas províncias do império, para se informar se os gafanhotos e os insetos não prejudicaram a safra de trigo ou, enfim, se não ocorreu algum obstáculo à fertilidade da terra. E ele, quando fica sabendo que alguma província sofreu perdas importantes, cancela o tributo que ela deveria pagar-lhe aquele ano, e envia trigo de seus celeiros para semear as terras. Pois nos tempos de abundância o rei compra grande quantidade de frumento, para subvencionar as províncias onde não houve uma colheita normal; o rei vende seu trigo a um preço quatro vezes menor que os mercadores. Da mesma forma, quando a peste devasta o gado, ele cancela os tributos daquele ano e lhes oferece barato outros animais. Além disso, para que os viajantes ou os correios não se percam pelos caminhos, mandou plantar árvores de distância em distância; assim, seguindo o roteiro assinalado por essas árvores, não há como se enganar. O rei sustenta durante o ano inteiro um número incrível de pobres, mandando distribuir-lhes uma quantidade imensa de trigo dos seus celeiros, para subsistência deles. O que posso dizer é que o número de pobres a quem ele fornece pão o ano inteiro se eleva a cerca de trinta mil, e ele não deixa que o sustento venha a faltar a ninguém. É também por isso que os pobres o consideram um deus.

Capítulo XXV
Do que se bebe na província de Catai em lugar do vinho

Fabrica-se na província de Catai uma ótima bebida feita de arroz e de diversos perfumes, a qual, pela doçura, supera a excelência do vinho.[5] E os que dela bebem demais ou não têm a cabeça forte, embriagam-se mais facilmente com ela que com o vinho.

Capítulo XXVI
Das pedras que queimam como madeira

Por toda a província de Catai, extraem-se pedras negras das montanhas, que, jogadas ao fogo, ardem como madeira; e, uma vez acesas, conservam o fogo durante algum tempo; por exemplo, quando são acesas de noite, duram até o dia seguinte. São muito usadas essas pedras, principalmente nos lugares onde é rara a madeira.[6]

---

[5] O *yin* de arroz ou saquê, do qual se obtém por destilação o *arak*, aguardente muito embriagante, é ainda a bebida ordinária dos chineses e dos japoneses. "É de admirar", diz Pauthier, "que Marco Polo, ao falar da bebida dos chineses, não mencione o chá, que, no entanto, era cultivado na China muito antes da passagem do célebre viajante. É de crer que os mongóis ainda preferissem seu *kumis* e outras bebidas mais embriagantes que o chá".

[6] As pedras negras a que aí se refere nada mais são que a hulha, mencionada em livros chineses que datam de pelo menos vinte séculos. A hulha é muito abundante, principalmente nas províncias setentrionais da China, onde dela se faz grande uso doméstico. (P.)

Capítulo XXVII
Do rio de Pulisachniz e de sua magnífica ponte

Ressaltamos até agora, neste segundo livro, a localização, a grandeza e o comércio da cidade de Cambalu; também descrevemos a magnificência, a pompa e a riqueza do Grande Khan. Exige a ordem agora que percorramos os países vizinhos e mencionemos em poucas palavras o que neles se encontra ou o que melhor os caracterize. Tendo o Grande Khan enviado a mim, Marco, aos países distantes de seu império para tratar de alguns negócios de seu estado que me detiveram por quatro meses em viagem, examinei todas as coisas com atenção, tanto na ida como na volta. Estando, pois, a dez minutos da cidade de Cambalu, deparei-me com um rio, chamado Pulisachniz [Lu-Kheu], que desemboca no oceano e transporta muitos navios mercantes. Há sobre esse rio uma belíssima ponte de mármore, com trezentos passos de comprimento e oito de largura, composta de vinte e quatro arcadas, e com leões também de mármore como base do parapeito, um em cada extremidade.[7]

Capítulo XXVIII
Dos lugares para além do rio de Pulisachniz

Depois de ter atravessado essa ponte sobre o rio e seguindo em frente por trinta milhas, topamos com muitos castelos e mansões magníficas, além de belos

---

[7] Essa ponte ainda existe, mas, embora muito bela, não é como a descreve Marco Polo. Deve ter sido reconstruída. (P.)

vinhedos e campos muito férteis. Percorridas essas trinta milhas, chega-se a uma cidade chamada Geogui [Tcheo--tcheu], grande e bela, onde há vários mosteiros dedicados aos ídolos. Fabricam-se nessa cidade excelentes e belíssimos tecidos de seda e de ouro e panos finíssimos. Há também muitos albergues para os estrangeiros e para os viajantes; os habitantes são bons artesãos e dados ao comércio. Saindo dessa cidade, chega-se a certa encruzilhada: um dos caminhos leva à província de Catai [ou China setentrional] e o outro ao país de Maugi [China meridional], na direção do mar. Naquele que leva à província de Catai se encontram castelos, cidades, pomares, campos, que são habitados por gente dada às artes e ao comércio, muito afável e civilizada.

Capítulo XXIX
Do reino de Tainfu

A dez jornadas da cidade de Geogui fica o reino de Tainfu,[8] grande e bem cultivado; pois tem muitas vinhas; na província de Catai não se fabrica vinho nenhum, ele é trazido desse reino. Ocupam-se os habitantes em vários tipos de indústrias e artes, e é lá que se fabrica todo tipo de armas para o serviço do Grande Khan. De lá, na direção do ocidente, entra-se em uma região muito agradável, rica em muitas cidades e castelos: abunda nessa região todo tipo de mercadoria. Ao sair de lá, depois de sete dias de viagem, topamos

---

[8] Tai-guan-fu, hoje capital da província de Chan-si.

com uma imensa cidade, chamada Pianfu, onde há seda em abundância.

Capítulo XXX
Do castelo de Chincui e de seu rei capturado pelo inimigo

Da cidade de Pianfu [Ping-yang-fu], são dois dias de viagem até um magnífico castelo, chamado Chincui, construído por um rei chamado o rei de ouro, que era inimigo do grande rei vulgarmente chamado de grande Preste João. Esse castelo é tão sólido pela arte e pela natureza, que o rei de ouro, que o governava, não temia o mais poderoso dos reis. Os senhores dos arredores não estavam muito contentes com isso, pois eram todos submissos a ele. Ora, tinha o grande Preste João em sua corte sete rapazes muito corajosos, que lhe prometeram sob juramento entregar-lhe o rei de ouro; em troca, ele lhes prometeu grandes recompensas se tivessem bom êxito. Dirigiram-se, então, à corte do rei de ouro e lhe ofereceram seus serviços, para melhor alcançarem seus objetivos; ele os admitiu a seu serviço, como fiéis servidores, nada temendo ou fingindo não desconfiar deles. Passaram-se dois anos, sem que tivessem oportunidade de executar seus planos. E como o rei, depois de tanto tempo, os considerava seus mais fiéis servidores, um dia saiu com eles e alguns outros, para passear a uma milha do castelo. Aproveitando-se, então, da ocasião, os traidores tomaram da espada e, apoderando-se dele, o levaram ao grande Preste João para cumprir a promessa. Este, maravilhado de tê-lo em suas mãos, colocou-o sob severa vigilância e o mandou guardar os animais dos campos; e depois de tê-lo deixado durante dois anos nessa escravidão, vestiu-o de rei e, nesse traje real, mandou que o trouxessem à sua presença e assim lhe falou: "Agora aprendestes por experiência própria o quanto a vossa potência era insignificante, pois mandei que vos prendessem em vosso castelo e vos fiz viver durante dois anos com os animais; poderia agora vos matar, se quisesse, e nenhum dos mortais pode tirar-vos de minhas mãos". A que respondeu o rei cativo: "Isso é verdade, assim é". Então lhe disse o grande Preste João: "Porque vos humilhastes diante de mim e vos considerastes como nada comparado a mim, quero de hoje em diante tratar-vos como amigo; e estou contente de ter podido matar-vos se quisesse". E então mandou que lhe dessem cavalos e criados para levá-lo de volta ao seu castelo. Desde então ele rendeu homenagem ao grande Preste João a vida inteira e obedeceu a todas as suas ordens.

Capítulo XXXI
Do grande rio chamado Caromoran e da região vizinha

A vinte milhas do castelo de Chincui, encontramos o rio de Caromoran [ou rio Amarelo] sobre o qual não há ponte, por ser largo e fundo demais; ele desemboca no oceano. Há muitas cidades construídas ao longo desse rio, nas quais se pratica muito comércio. Essa região é rica em gengibre, seda e aves, principalmente faisões; para além desse rio, e depois de dois dias de viagem, se chega à nobre cidade de Cianfu, onde são fabricados magníficos tecidos de seda e ouro. São idólatras todos os habitantes dessa região e de quase toda a província de Catai.

Capítulo XXXII
Da cidade de Quenquinafu

A oito dias de viagem de lá, encontram-se inúmeras cidades e aldeias, vergéis e belíssimos campos. A terra é rica tanto em seda como em animais e aves para a caça. Se caminhardes mais oito jornadas adiante, encontrareis a grande cidade de Quenquinafu,[9] a capital de um reino do mesmo nome, o qual foi no passado muito rico e célebre. Hoje, quem o governa é Mangala, um dos filhos do Grande Khan. Esse país produz seda em abundância e todas as coisas necessárias à vida; ali se praticam também diversas espécies de comércio. Os habitantes são idólatras. Fora da cidade, há um palácio real edificado numa planície, no qual Mangala instalou sua corte. Há também no meio da cidade outra residência real, de grande magnificência, cujas muralhas são douradas por dentro. Passa o rei seu tempo a caçar com seus cortesãos e a capturar pássaros, dos quais há grande quantidade naquelas terras.

---

[9] Hoje Sin-gan-fu. (P.)

Capítulo XXXIII
Da província de Chunchi

Afastando-nos dessa cidade e do palácio, depois de três dias de viagem, chegamos a uma belíssima planície, onde há muitas cidades e castelos e que é muito fértil em seda. Depois disso, entramos numa região montanhosa, onde encontramos, tanto sobre as montanhas quanto nos vales, grande quantidade de cidades e de aldeias, dependentes da província de Chunchi. Os habitantes são idólatras e adoram a terra. Pratica-se também naquela região a caça aos leões, aos ursos, aos cervos, aos cabritos, aos gamos e a outros animais semelhantes. Esse país chega a ter vinte jornadas de extensão, e, como dissemos, é composto de montanhas, vales e muitas florestas; mas em toda parte há albergues para os viajantes.

Capítulo XXXIV
Da cidade de Achalechmangi

Há uma província contígua àquela de que acabamos de falar e que se chama Achalechmangi, para os lados do ocidente; está repleta de cidades e de castelos. A capital chama-se Achalechmangi, e fica na fronteira com a província de Mangi [China meridional]. Essa província tem uma planície de três jornadas de extensão, depois da qual nos deparamos com montanhas, vales e florestas. A região, que chega a vinte jornadas de extensão, tem muitas cidades e aldeias. Quanto ao resto, em nada difere da outra província, pois nela há muitos artesãos, comerciantes e lavradores. A região é boa para a caça de todo tipo de animais selvagens, entre os quais os almiscarados. Cresce nessa província gengibre em quantidade, assim como arroz e trigo.

Capítulo XXXV
Da província de Sindinfu

Há ainda outra província fronteiriça à província de Chunchi, chamada Sindinfu, que também faz fronteira com a de Mangi. A principal cidade também se chama Sindinfu,[10] que foi no passado muito grande e rica; chega a ter vinte milhas de circunferência. Tem também um rei muito rico e poderoso; o qual deixou como sucessores três filhos, que dividiram a cidade em três partes, cingindo cada um a sua parte com fortes muralhas; mas o Grande Khan submeteu à sua obediência tanto a cidade como o reino. Passa um rio chamado Quianfu [o rio Kiang] pelo meio da cidade. Esse rio tem meia milha de largura; é muito fundo e piscoso; há muitas cidades e castelos edificados à sua margem; seu curso estende-se até noventa jornadas para além dessa cidade. Sobe por esse rio grande quantidade de embarcações, carregadas de diversas mercadorias. Há na cidade de Sindinfu uma ponte de pedra para atravessá-lo, com uma milha de comprimento e oito passos de largura; e sobre essa ponte se armam todas as manhãs lojas de toda espécie de mercadorias, que são desmontadas à noite. Também se construiu sobre a ponte uma casa

---

[10] Antiga capital do reino de Chu, hoje Tching-tu, que conta, segundo dizem, um milhão e meio de habitantes.

onde moram os oficiais do rei, para cobrar pedágio de todos os que passam, assim como de todo tipo de mercadorias. Indo além dessa cidade por cinco dias, passa-se por uma planície onde há cidades, castelos e muitas casas de campo; também lá se encontram muitos animais selvagens.

Capítulo XXXVI
Da província do Tibete

Depois da planície de que acabamos de falar, chegamos à província do Tibete, que o Grande Khan cercou e devastou; seus restos ainda podem ser vistos pelas ruínas de várias cidades e castelos.[11] Ela chega a ter vinte jornadas de extensão. E por ser hoje só um vasto ermo, já quase sem habitantes, os viajantes devem trazer consigo as suas provisões para vinte dias de caminhada; e, depois que os homens a abandonaram, os animais ferozes dela se apoderaram. O que faz que suas estradas sejam muito perigosas, principalmente à noite; mas os mercadores e demais viajantes inventaram um remédio contra esses perigos. Crescem nessa região imensos caniços de quinze passos de altura e três palmos de espessura; de um nó a outro, são três palmos de distância; assim, quando os viajantes querem descansar durante a noite, ajuntam muitos desses caniços e põem fogo neles. Assim que o fogo pega acontecem grandes

---

[11] A grande província do Tibete foi atacada e sitiada pelos exércitos de Mangu Khan em meados do século XIII.

explosões; e isso provoca tanto barulho, que ele pode ser ouvido a milhas de distância: o que afasta os animais, que têm medo do barulho, e os impede de se aproximarem. Assim é que os viajantes atravessam em segurança essa província. Os cavalos e outros animais de carga que os mercadores levam consigo nessas viagens também se espantam com os estalos desses caniços; e muitos perderam seus cavalos que, por medo, fugiram; mas os viajantes mais experientes atam-lhes as patas da frente para que não possam fugir.

Capítulo XXXVII
De outro país do Tibete

Depois de vinte jornadas de viagem e depois de ter atravessado a província do Tibete, encontramos várias cidades e casas de campo em outra província, cujos habitantes são idólatras e cruéis, e acham normal o roubo ou a bandidagem. Vivem da caça e dos frutos que a terra produz. Existem também no país animais almiscarados, os chamados *gadderi*. Os habitantes vão à caça desses animais com seus cães, o que faz que tenham muito almíscar. Têm língua e moeda particulares; vestem-se de peles de animais capturados ou de burel grosseiro. Esse país está sob dependência da província do Tibete. O terreno é montanhoso; em alguns lugares e em alguns rios se encontra ouro. Eles se servem do coral como moeda, pois essa pedra é muito estimada entre eles; as mulheres a ostentam em seus colares e as oferecem a seus ídolos como prenda de grande beleza. Há nesse país cães enormes, quase da altura dos asnos, de que se servem na caça de animais selvagens. Têm também falcões e outras aves de rapina; ali cresce muito cinamomo e outros perfumes em quantidade. Essa província está sob o domínio do Grande Khan.

Capítulo XXXVIII
Da província de Gaindu

A província de Gaindu faz fronteira com a do Tibete pelo ocidente; tem um rei, que, porém, é tributário do Grande Khan; há ali um lago onde se encontra grande quantidade de pérolas; elas teriam até um preço vil, se a todos fosse permitido pescá-las. Por isso é proibido, sob pena de morte, pescar pérolas nesse lago, a não ser com a permissão do Grande Khan. Há também nessa província grande quantidade desses animais almiscarados chamados *gadderi*. Esse lago onde as pérolas são pescadas tem também peixe em abundância, e todo o país está cheio de animais selvagens, como leões, ursos, cervos, gamos, linces, cabritos e todo tipo de aves. Não há vinho, mas em seu lugar fabricam uma excelente bebida com grãos de vários tipos. Lá se encontra cravo--da-índia em quantidade, que é colhido em árvores de ramos curtos e flor branca, cuja extremidade carrega grande quantidade desses cravos.[12] Por fim, lá crescem em abundância o gengibre, o cinamomo e outras espécies de madeiras aromáticas que não temos entre nós. Também se encontram nas montanhas desse país

---

[12] Sabe-se que o cravo é o botão de uma flor colhida antes de desabrochar.

pedras chamadas turquesas, belíssimas; não é, porém, permitido levá-las para fora do país. Os seus habitantes são idólatras. Sua principal moeda consiste em grãos de ouro, cujo valor varia com o peso. Têm uma moeda menor, que fabricam da seguinte maneira: cozinham num caldeirão o sal, que vira uma espécie de pasta que eles derramam em moldes e com ele cunham a moeda.

Deixando essa província, encontramos, ao cabo de dez dias de viagem, castelos e aldeias em grande número, cujos habitantes têm os mesmos costumes que os da província de Caniclu. Chegamos, enfim, a um rio chamado Brius, que serve de limite à província de Caniclu. Nele há ouro em abundância, e em suas margens cresce em quantidade o cinamomo.

Capítulo XXXIX
Da província de Caraiam

Depois de atravessar o rio Brius, chegamos à província de Caraiam [no Yu-Nan], que abrange sete reinos; está sujeita ao Grande Khan, cujo filho de nome Esentemur era governador no meu tempo. Os habitantes são idólatras; ótimos cavalos são criados na região. Têm uma língua particular e difícil. A capital chama-se Jaci [Li-Kian-fu]; é uma cidade considerável, onde há muito comércio; nela há alguns cristãos nestorianos e muitos maometanos. Têm trigo e arroz em abundância, embora não façam o pão de trigo, pois não conseguiriam digeri-lo, em razão da fraqueza de seu estômago, mas fazem pão de arroz. Também fabricam com vários tipos de grãos a sua bebida, que os embriaga mais facilmente do que o vinho. Servem-se como moeda de certas conchas douradas e brancas, encontradas no mar.[13] Extrai-se nessa cidade muito sal da água dos poços, com o qual muito lucra o rei. Há também um lago muito piscoso, com cem milhas de circunferência. Os homens comem carne crua, mas preparada do seguinte modo: primeiro eles a sovam e em seguida adicionam a ela aromatizantes e excelentes óleos de diversas espécies muito boas, e depois disso a comem.

Capítulo XL
De uma região situada na província de Caraiam, onde há enormes serpentes

Afastando-nos da cidade de Jaci, chegamos, depois de dez dias de viagem, ao reino cuja capital se chama Caraiam [Tu-li-fu], governada por Gogracam, filho do imperador Kublai. Todo o país recebe seu nome dessa cidade. Os rios dessa região produzem muito ouro. Encontra-se também ouro, mas de outro tipo, nos pantanais e nas montanhas. Os habitantes são idólatras. Vivem por lá enormes serpentes, algumas das quais de dez passos de comprimento e dez palmos de grossura. A cabeça é imensa; têm olhos grandes e largos como dois pães; a boca é tão grande, que ela pode engolir um homem de uma só vez, por maior que ele seja; têm também grandes dentes muito aguçados, que lhes são muito úteis; e não

---

[13] As chamadas conchas de porcelana.

há nenhum homem e nenhum outro animal que ouse aproximar-se dessas serpentes, ou até olhá-las.[14] São capturadas do seguinte modo: essa serpente costuma retirar-se às vezes em cavernas subterrâneas ou outros esconderijos na montanha; sai durante a noite e vai percorrer as tocas de outros animais, para devorá-los, pois não teme nenhum tipo de animal; come os grandes e os pequenos, até mesmo os leões e os ursos. E quando está satisfeita volta para a sua caverna. E, como o terreno é muito arenoso, é coisa admirável ver a profundidade dos rastros desse animal: até parece que um grande barril de vinho tivesse sido rolado pela areia. Assim, os caçadores, para lhe armar ciladas, preparam estacas com ponta de ferro, que escondem sob a areia, para que a fera não as possa ver; e colocam-nas em grande número, principalmente ao redor do ninho da serpente. E quando, à noite, ela sai, como é seu hábito, para buscar comida e, ao avançar, afunda nessa areia movediça, acontece muitas vezes que ela bata com a barriga nessas pontas de ferro presas às estacas de que falamos, e assim se mate ou pelo menos se fira mortalmente. E então os caçadores, que estavam escondidos, vêm acabar de matar a fera, se ela ainda estiver viva, e retiram o seu fel, que vendem caríssimo, pois é muito medicinal. Pois quem tiver sido mordido por um cão raivoso, se beber uma medida desse fel com o peso de um dinheiro, logo sara. Come-se a carne dessa serpente, que é muito apreciada pelos homens.

---

[14] Essas serpentes, do gênero boa, existem realmente, tais como descritas por Marco Polo. São chamadas pelos chineses de *mai-theu-che*, ou serpentes que baixam a cabeça, porque essa é a sua postura ao andar. Chegam a ter de quinze a vinte metros de comprimento. (Klaproth.)

Há também nessa província excelentes cavalos, que os mercadores compram para vendê-los na Índia. A gente do país costuma tirar dois ou três ossos da cauda dos cavalos, para que não possam, ao correr, balançá-la de um lado para o outro, o que lhes desagrada.

Na guerra, usam couraças e escudos feitos de couro de búfalo, flechas e lanças; e, antes que o Grande Khan tivesse submetido a província ao seu domínio, reinava ali um odioso costume: quando algum estrangeiro de bons costumes, prudente e honesto, vinha hospedar-se em suas casas, eles o matavam durante a noite, imaginando que seus bons costumes, sua prudência, sua honestidade, em suma, a alma desse homem permaneceria na casa; e essa perfídia ou ignorância fez que muitos viajantes fossem mortos nesse lugar. O Grande Khan, porém, ao submeter esse reino ao seu domínio, acabou com essa impiedade e essa loucura.

Capítulo XLI
Da província de Arciadam

Partindo da província de Caraiam, depois de ter caminhado por cinco dias, chegamos à província de Arciadam ou país dos dentes de ouro, também tributária do Grande Khan. A capital chama-se Unchiam [Yung-tchang]; servem-se os habitantes para o comércio do ouro em peso, pois não se encontra prata naquele país, como tampouco nos países vizinhos. Aqueles que as trazem de fora a trocam por ouro e lucram muito. Bebem uma bebida feita de arroz e de perfumes. Os homens e as mulheres desse país recobrem os dentes com uma película de ouro, muito delicada, e até parece que seus dentes sejam naturalmente de ouro. Os homens são dados à guerra, dedicando-se apenas a ela ou à caça de animais selvagens e de aves, e as mulheres cuidam da casa e se dedicam à família, tendo escravos para servi-las. É também costume do país que, depois de dar à luz, a mulher deva deixar o leito o quanto antes, para tratar do governo da casa; e durante esse tempo o marido fica de cama durante quarenta dias, para cuidar do recém-nascido. Pois a mãe nada mais faz pelo bebê do que lhe dar de mamar, e os parentes ou amigos vêm visitar o marido, embora não tenham vindo ver a mulher. Não há ídolos nessa província, salvo que cada família adora o primeiro da raça. A maioria estabelece residência nas montanhas ou em lugares ermos; os estrangeiros não se aproximam de suas montanhas, pois não estão acostumados ao ar que ali reina, muito corrompido. Não fazem uso da escrita, mas se servem para fazer seus contratos de certa marca de que o credor e o devedor conservam cada um uma metade, que ajuntam segundo certos indícios, como prova da verdade da coisa. Não há médicos nessa província, como tampouco nas de Caniclu e de Caríam; mas, quando alguém adoece, reúnem os magos ou ministros dos ídolos, e o doente lhes expõem sua enfermidade. Em seguida, os magos dançam, tocam instrumentos e invocam seus deuses, aos berros, até que alguém do grupo dos dançarinos e instrumentistas seja inspirado pelo demônio.

Concluída a cerimônia, consultam o enfermo acerca do que sente e perguntam ao demônio como essa doença chegou ao paciente e o que se deve fazer para curá-lo; o demônio responde pela boca do doente, que foi por ter feito isso ou aquilo, como, por exemplo, por ter ofendido determinado deus, que pegou aquela doença. Então os magos rogam àquele deus que o perdoe, prometendo em nome do doente que, se recuperar a saúde, fará um sacrifício de seu próprio sangue. Se o demônio vê que a doença é incurável, costuma responder: "Esse homem ofendeu tão gravemente ao deus, que não é possível apaziguá-lo com nenhum sacrifício;" mas se ele puder recuperar-se, ordenam ao doente que ofereça tantos carneiros de cabeça preta, e estas e aquelas bebidas, ou então convide alguns magos com suas mulheres para oferecer por suas mãos esses sacrifícios, e então será agradável ao deus. Primeiro, os parentes e os amigos tratam de mandar preparar o que o demônio ordenou. Matam carneiros e jogam seu sangue ao ar, para o céu e, tendo convidado alguns magos com suas mulheres, acendem muitas luzes e queimam incenso por toda a casa; queimam madeira de aloés e jogam o sumo das carnes ao ar, juntamente com uma poção feita de essências. Feito isso, começam de novo a cantar na reunião em honra do ídolo medicinal, o que o doente interpreta como a causa de sua cura; mas gritam tão horrivelmente ao cantar, que até parece que vão esfalfar-se. Em seguida, consultam de novo o mago para saber se o ídolo está contente; se ele responder que não, eles se dispõem a fazer o que lhes mandarem para apaziguá-lo; se responder que o ídolo está satisfeito, então os feiticeiros e os magos se sentam à mesa e comem com grande alegria as carnes que foram sacrificadas ao ídolo e bebem as poções a eles consagradas. Terminada a refeição, cada qual volta para a sua casa; e, quando o doente tiver recuperado a saúde por graça de Deus todo-poderoso, esses cegos miseráveis rendem ações de graças ao demônio.

Capítulo XLII
Do grande combate entre os tártaros e o rei de Mien

No ano de Nosso Senhor de 1272, houve uma grande guerra por causa do reino de Caraiam, de que falamos no capítulo anterior, e do reino de Botiam. Pois o Grande Khan enviou um dos principais de sua corte, por nome Nescordim, com doze mil cavaleiros, para proteger a província de Caraiam de qualquer ataque. Nescordim era homem valente e prudente, e tinha bons soldados, muito aguerridos. Os reis de Mien e de Bangala* ficaram apavorados ao saberem da notícia, crendo que esse exército vinha para invadir seus reinos. Reuniram, então, suas tropas, que contavam, tanto na cavalaria como na infantaria, com cerca de sessenta mil homens e dois mil elefantes. Acamparam, assim, deixando doze ou quinze homens bem armados em certo castelo, e o rei de Mien avançou com seu exército na direção da cidade de Vocia, onde estava o exército dos tártaros, e estabeleceu acampamento nos campos ao redor durante três dias, de nada desconfiando. Informado Nescordim de que tão grande exército marchava contra ele, sentiu muito medo; mas dissimulou seu temor, consolando-se com o fato de que o seu pequeno exército era composto de guerreiros

---

* Birmânia e Bengala. (N.T.)

valentes. Tendo, pois, corajosamente partido para dar combate ao inimigo, acampou perto de uma grande floresta, cheia de árvores enormes, não ignorando que os elefantes, com os castelos que carregam nas costas, não poderiam vir incomodá-lo ali. Então o rei de Mien foi informado de que os tártaros pareciam decididos a ir ao seu encontro; os cavalos dos tártaros, porém, percebendo os elefantes que constituíam a vanguarda do exército de Nescordim, ficaram tão apavorados, que foi impossível, de qualquer modo que fosse, guiá-los na direção dos elefantes, e assim os tártaros foram obrigados a desmontar dos animais, prendê-los às árvores do lugar e ir a pé combater os elefantes. E como os soldados da primeira linha do exército de Nescordim tinham todos máquinas de lançar pedras e eram hábeis arqueiros, enviaram tamanha saraivada de flechas sobre o inimigo, que os elefantes, sentindo-se feridos e doloridos, começaram a fugir e se esconderam nos bosques a toda velocidade; seus condutores, tentando fazê-los voltar-se contra o inimigo, nada conseguiram, pois eles se dispersaram aqui e acolá. E, tendo entrado no bosque vizinho, romperam as fortificações do acampamento e expulsaram aqueles que o defendiam. Vendo isso, os tártaros correram para seus cavalos e, montando, arremeteram contra o acampamento do rei com muita fúria e impetuosidade. Foi sangrento o combate, e tombaram muitos soldados de ambas as partes; o rei de Mien foi obrigado, por fim, a fugir com os seus, e os tártaros, perseguindo-os, mataram ainda muitos deles e obtiveram um triunfo completo. Depois disso, os tártaros empenharam-se em recuperar os elefantes que estavam no bosque; mas como eles começaram a fugir, não teriam capturado nenhum se alguns dos homens que haviam feito prisioneiros na batalha não os tivessem ajudado; e assim recuperaram duzentos deles. Foi depois dessa batalha que o Grande Khan começou a se servir de elefantes em seus exércitos, o que não fizera até então. Pouco depois, o Grande Khan submeteu o país do rei de Mien ao seu domínio.

Capítulo XLIII
De certo país selvagem

Saindo da província de Caraiam, chegamos a uma descida que dura cerca de três dias. Nela não há nenhuma povoação, só um espaço bem amplo no qual, três dias por semana, os mercadores fazem uma espécie de feira, com todo tipo de mercadorias. Lá vai muita gente que desce das montanhas da região, trazendo ouro, que troca por prata, dando uma onça de ouro por cinco onças de prata. Por essa razão, muita gente vem de vários lugares, trazendo prata, para trocá-la por ouro. Nenhum estrangeiro consegue escalar essas altas montanhas de onde vem o ouro, pois o caminho é tão rude e tão difícil, que seria mais fácil perder-se do que encontrar algum habitante. Depois disso se chega à província de Mien, que faz fronteira com a Índia do lado meridional. É província muito selvagem e repleta de florestas e bosques; nela há uma infinidade de elefantes e outros animais selvagens, mas nenhuma presença humana.

Capítulo XLIV
Da cidade de Mien e do túmulo do rei

A quinze dias de viagem de lá, chegamos à cidade que chamamos de Mien [hoje Tai-Kung], que é grande e bela. É a capital do reino do mesmo nome; está sujeita ao Grande Khan; os habitantes são idólatras e falam uma língua própria. Há nessa cidade um rei muito rico, o qual, à beira da morte, mandou construir um túmulo que passo a descrever. Mandou edificar uma torre de mármore com dez passos de altura e igual largura: em cada quina do mausoléu ficavam torres redondas por cima e todas recobertas de ouro; no alto dessas torres, deviam colocar muitos sininhos de ouro, para tilintar com o sopro do vento. Devia-se cobrir de prata uma outra torre e colocar sobre o seu topo sininhos de prata, que também deviam emitir certo som só com a agitação do vento. Mandou construir essa tumba para imortalizar o seu nome e a sua memória no mundo.[15] Tendo subjugado a província de Mien, o Grande Khan proibiu que se danificasse esse túmulo, construído em honra do seu nome: pois é costume dos tártaros não perturbar o repouso dos mortos. Há nessa província muitos elefantes, grandes e belos bois selvagens, cervos, gamos e muitos outros animais selvagens.

---

[15] As descobertas feitas nos tempos modernos nessas regiões confirmam as asserções do antigo viajante.

Capítulo XLV
Da província de Bengala

A província de Bengala faz fronteira ao sul com a da Índia. O Grande Khan ainda não a havia subjugado quando eu estava em sua corte, mas enviara um exército com esse objetivo. O país tem rei e idioma particulares. Todos os habitantes são idólatras; vivem de carne, arroz e leite; têm seda em grande quantidade e com ela se faz um comércio movimentado. O país tem também especiarias, gengibre e açúcar em abundância, além de muitos tipos de perfumes. Há lá também grandes bois, que igualam em circunferência os elefantes, mais não em tamanho. Há nessa província muitos escravos que os indianos vêm buscar para vendê-los em diversos países.

Capítulo XLVI
Da província de Cangigu

Depois dessa província, seguindo na direção do oriente, chegamos à de Cangigu,[16] que também tem rei e idioma particulares. Os seus habitantes são idólatras e tributários do Grande Khan; o rei tem cerca de trezentas mulheres. Há muito ouro nessa província e muito perfume, mas não é fácil transportá-los, pois o país fica muito longe do mar. Há também muitos elefantes e grandes caçadas de toda espécie de animais selvagens. Os habitantes vivem de carne, leite e arroz;

---

[16] Depois de longas discussões acerca da localização desse reino de Cangigu, Pauthier julga poder afirmar que correspondia à província de Pa-pe-si-fu, ou das oitocentas belas mulheres, situada entre o Laos e o império birmanês.

não têm vinho, mas preparam um licor de arroz e ervas aromáticas que é excelente. Costumam os homens e as mulheres pintar com tinta colorida o rosto, o pescoço, as mãos, o ventre e as pernas, representando leões, dragões e pássaros; gravam-nos tão profundamente que é muito difícil apagá-los; e quanto mais dessas gravuras têm, mais são considerados belos ou belas.

Capítulo XLVII
Da província de Amu

Situa-se a província de Amu[17] a oriente e está sujeita ao Grande Khan. Os habitantes são idólatras e têm uma língua particular. Têm muitos rebanhos de todo tipo de animal e dispõem em abundância de tudo que é necessário à vida, além de ótimos cavalos, que os negociantes exportam para a Índia. Têm também cabritos e bois em quantidade, porque as pastagens são excelentes. Os homens e as mulheres usam nos braços braceletes de ouro e prata de grande valor.

Capítulo XLVIII
Da província de Tholoman

A província de Tholoman[18] dista da de Amu oito jornadas para os lados do oriente e está sujeita ao Grande

---

[17] Diz Pauthier que é sumariamente descrito nesse capítulo o Anam ou Tonquim.
[18] Hoje departamento de Tai-ping. (P.)

Khan; tem língua própria e adora os ídolos. Os homens e as mulheres são de muito boa compleição, embora tenham pele morena. É muito fértil a terra; vemos ali muitos castelos e cidades muito fortes. Os homens são hábeis com as armas e acostumados à guerra. Cremam os cadáveres e enterram as cinzas e os ossos em cavernas sobre as montanhas, para que não sejam pisados nem pelos homens nem pelos animais. Há ali muito ouro, e usam como moeda certas conchas que encontram no mar.

Capítulo XLIX
Da província de Gingui

Partindo da província de Tholoman no sentido do oriente, chegamos à província Gingui [Kuei-tcheu], e caminhamos durante doze dias ao longo de um rio, até encontrarmos uma grande cidade chamada Fun-gul.[19] Está sujeita ao Grande Khan, bem como todo o país; os habitantes são dados ao culto dos ídolos. Fabricam-se nessa província belos tecidos de casca de árvore, com os quais fazem a roupa de verão. Há leões em quantidade, de modo que ninguém ousa sair de casa à noite, pois as feras estraçalham e devoram todos que encontram. As embarcações que sobem e descem o rio não atracam às margens por causa desses leões, mas se mantêm ancoradas no meio do rio; caso contrário os leões viriam à noite, entrariam nos barcos e devorariam tudo que encontrassem com vida.

---

[19] Hoje destruída. (P.)

Embora esses leões sejam grandes e ferozes, há, porém, naquelas terras cães tão fortes e tão audazes que não temem atacá-los, e acontece muitas vezes de um homem a cavalo com seu arco e dois cães destruir um desses leões. Pois, quando os cães farejam o leão, correm para ele, latindo, principalmente quando se veem apoiados pela presença do homem, e mordem o leão no traseiro e na cauda. E embora o leão os ameace com suas garras, girando de um lado para o outro para apanhá-los e estraçalhá-los, os cães sabem defender-se e não se deixam ferir com facilidade. Pois, enquanto o leão está ocupado com os cães, o cavaleiro tem tempo de lhe desferir uma flecha; o leão, então, foge, temendo que o latido dos cães chame mais cães e mais homens contra ele. E quando encontra uma árvore, protege-se por trás dela como numa fortaleza e, voltando-se para os cães, defende-se como pode contra eles. Aproximando-se, o cavaleiro atira-lhe outras flechas, até que ele morra. O leão não vê as setas que lhe são atiradas até que, por fim, tomba. O país é rico em seda, que os mercadores exportam para diversas províncias.

Capítulo L
Das cidades de Cacausu, de Canglu e de Ciangli

Depois da província de Gingui, deparamo-nos com várias cidades e castelos e, após quatro jornadas de viagem, encontramos a belíssima cidade de Cacausu [Ho-Kian-fu], da província de Catai, situada ao sul e rica em seda, com a qual são feitas belas fazendas e telas ornadas de ouro. A três dias de viagem dessa cidade, para o sul, encontramos outra grande cidade, chamada Canglu [Tchang-lu], rica em sal, pois a terra é muito salina. Extraem o sal do seguinte modo: reúnem a terra em montinhos, sobre os quais derramam água para atrair para baixo o humor salgado da terra; em seguida, jogam água mais uma vez sobre esse montinho de terra e o cozinham diante do fogo até que fique completamente duro e reduzido a uma massa de sal. Cinco jornadas para além da cidade de Canglu encontramos mais uma cidade, chamada Ciangli [Thoi-nan], cortada por um grande rio e muito cômoda para o acesso de embarcações carregadas de mercadorias; lá acontece uma feira importante.

Capítulo LI
Das cidades de Cudinfu e Singuimatu

Avançando para o sul, deparamo-nos, a seis jornadas de lá, com uma cidade grande, chamada Cudinfu,[20] que teve outrora seu próprio rei, antes de ser submetida ao domínio do Grande Khan. Tem ela quarenta outras cidades sob sua dependência, todas elas com belas plantações. Seguindo rumo ao sul, depois de dois dias de viagem, encontramos outra cidade notável, chamada Singuimatu,[21] perto da qual passa um grande rio que vem do sul, dividido pelos habitantes em dois braços,

---

[20] Yen-tcheu, capital da província em que nasceu o filósofo Kung-fu-tsé (Confúcio). (P.)

[21] Tsi-wing-tcheu, capital de distrito pertencente à província de Chang-tun. (P.)

um que vai para o oriente, na direção de Mangi, e o outro para ocidente, na direção de Catai. Passa por esses dois riachos uma infinidade de barquinhos carregados de mercadorias. De Singuimatu, durante doze dias de viagem para o sul, encontram-se muitas aldeias em seguida, onde acontecem muitas feiras. Os habitantes dessa região são idólatras e obedecem ao Grande Khan.

Capítulo LII
Do grande rio Caromoran e das cidades de Conigangui e Gaigui

Seguindo o primeiro caminho de que falamos acima, damos com um grande rio chamado Caromoran,[22] que, segundo dizem, nasce no reino do grande Preste João. Tem uma milha de largura e é tão profundo que suporta os maiores navios; é também muito piscoso. Não longe da foz desse rio e no lugar em que desemboca no oceano, há cerca de quinze mil embarcações que formam uma frota mantida ali pelo Grande Khan para estar sempre apta a transportar um exército para as ilhas do mar que estão sob o seu domínio, se necessário. Entre essas embarcações, algumas há que são tão grandes que podem transportar quinze cavalos e igual número de homens para montá-los, além dos víveres e da forragem necessários para uns e outros. Além disso, vão cerca de vinte marujos em cada barco. Bem perto do lugar onde está ancorada essa frota, há duas cidades que se erguem à

---

[22] Ou rio Negro, por causa de suas águas turvas. É o atual rio Amarelo.

margem do rio, das quais uma se chama Conigangui e a outra, Caigui. Depois de ter atravessado o rio, entra-se na província de Mangi, de que falaremos.

Capítulo LIII
Da província de Mangi, e da piedade e justiça do rei

A província de Mangi[23] teve um rei chamado Facfur, rico e poderoso, e, salvo o Grande Khan, não havia nenhum outro maior do que ele em todas aquelas terras. Seu reino era bem fortificado, o rei julgava-o inexpugnável e não temia as invasões dos vizinhos. Isso fez que o rei e seus povos descambassem na preguiça e na boa-vida, por excesso de presunção. As cidades eram defendidas por largos fossos cheios de água. Não tinham cavalos, por julgarem nada ter que temer, e assim o rei vivia continuamente entregue aos prazeres. Sustentava cerca de mil parasitas e tinha uma guarda numerosa. Exercia, porém, a justiça, conservava a paz e amava a misericórdia; ninguém ousava ofender o próximo ou violar a amizade fraterna, com medo da punição. Reinava nesse reino tamanha concórdia, que os artesãos deixavam muitas vezes suas lojas abertas durante a noite, sem temerem os ladrões. Os viajantes e os estrangeiros podiam andar de dia e de noite pelo reino sem nada temerem. O rei era piedoso e caridoso para com os pobres, e ajudava a todos os que estavam na miséria. Por isso tinha o cuidado de mandar recolher todas as

---

[23] Com esse nome se designa a China meridional, que o rio Amarelo separa de Catai ou China setentrional.

crianças abandonadas, que eram, por vezes, num só ano, até vinte mil; e as alimentava à sua custa. Pois naquele país as mulheres pobres costumam abandonar os filhos, para que alguém os adote e crie. O rei, porém, entrega as crianças abandonadas aos ricos de seu reino para serem cuidadas, principalmente aos que não têm filhos, e lhes ordena que as adotem. Quanto àquelas que ele mesmo alimenta, une-as em casamento e lhes fornece o sustento.

Capítulo LIV
De como Baian, general do exército do Grande Khan, submeteu a província de Mangi ao domínio de seu senhor

No ano de Nosso Senhor de 1268, o Grande Khan Kublai, desejando ter para si a província de Mangi, dela se assenhoreou da seguinte maneira: enviou grande exército, composto de cavalaria e infantaria, cujo comando deu a Batan-Chinsan, nome este que significa "luz para cem olhos"; ao adentrar a província de Mangi, este começou por cercar a cidade de Conigangui, e lhe enviou um ultimato, exigindo que se submetesse à obediência do imperador, seu senhor; como, porém, os habitantes se recusaram a se render, ele se retirou sem causar nenhum dano, e foi anunciar o mesmo ultimato a uma segunda cidade. Como esta também o recusasse, foi a uma terceira e de lá a uma quarta e a uma quinta, vendo o ultimato rejeitado por todas; chegando, porém, à sexta cidade, assediou-a com muita ousadia e a conquistou. Em seguida, fez o mesmo com as outras, de sorte que em pouquíssimo tempo submeteu uma dúzia de cidades, pois seu exército era composto de guerreiros valorosos. Enviou-lhe o Grande Khan outro exército, em nada inferior ao primeiro, o que causou grande espanto no coração dos habitantes de Mangi e lhes tirou toda coragem. Baian, então, mandou que seu exército marchasse rumo à capital, chamada Quinsai, e onde o rei de Mangi tinha sua corte. Vendo a audácia e a coragem dos tártaros, o rei foi tomado de um medo pânico e se retirou com grande escolta em certas ilhas inexpugnáveis, levando consigo cerca de mil navios e deixando à rainha, sua esposa, em quem tinha toda confiança, o trabalho de defender a cidade de Quinsai. Portou-se a rainha com uma coragem acima do que se podia esperar do seu sexo e nada esqueceu do que julgava necessário para a defesa da cidade; e tendo ouvido que o general do exército tártaro se chamava Baian-Chinsan ou Cem-Olhos, muito se admirou, e sua coragem começou a esmorecer, sobretudo quando seus astrólogos e magos lhe informaram que a cidade de Quinsai jamais seria tomada, senão por um homem de cem olhos. E como parecia contrário à natureza que um homem pudesse ter cem olhos e que o nome do general devia significar o prognóstico, ela o chamou e lhe entregou voluntariamente a cidade e o reino, não querendo mais resistir ao destino. Quando os habitantes da cidade e do reino souberam disso, logo se submeteram ao Grande Khan, salvo uma só cidade, chamada Sanisu, que só se rendeu depois de três anos. A rainha dirigiu-se à corte do Grande Khan, que a recebeu com muitas honras. O rei seu marido permaneceu em suas ilhas, onde passou o resto de seus dias.

Capítulo LV
Da cidade de Conigangui

A primeira cidade que se apresenta aos que entram na província de Mangi se chama Conigangui. É grande e consideravelmente rica; ergue-se sobre o rio de Caromoran; há ali grande quantidade de embarcações; extrai-se também muito sal, que abastece quarenta cidades, e com isso o Grande Khan muito lucra. Os habitantes dessa cidade e dos arredores são idólatras e cremam seus mortos.

Capítulo LVI
Das cidades de Panchi e de Chain

Para além da cidade de Conigangui, depois de um dia de viagem, na direção do setentrião, chegamos à cidade de Panchi [Pao-ying], grande, bela e de animado comércio; é rica em seda e em todas as coisas necessárias à vida; a moeda do Grande Khan tem curso nessa cidade. A estrada que leva de Conigangui a Panchi é pavimentada com belas pedras, à direita e à esquerda,[24] e não há outra para entrar na província de Mangi. Dessa cidade de Panchi até Chain [Pao-yeu], é um dia de viagem; esta é também uma bela cidade; tem muito peixe, animais selvagens e aves para a caça.

---

[24] Calçada que segue o canal Imperial. (P.)

Capítulo LVII
Da cidade de Tingui

A uma jornada de lá fica a cidade de Tingui [Tung-tcheu], que, embora não seja muito grande, tem em abundância todas as coisas necessárias à vida: pois há aqui muitas embarcações, por não estar ela longe do oceano. No intervalo entre a cidade e o mar há muitas salinas, junto às quais se ergue essa cidade. Ao sair de Tingui, a um dia de viagem, indo na direção norte, fica uma belíssima cidade chamada Zanguy [Yan-tcheu], situada na mais bela região do mundo; ela tem vinte e sete outras cidades sob a sua dependência. E eu, Marco, governei essa cidade durante três anos, por ordem do Grande Khan.

Capítulo LVIII
Como a cidade de Sianfu foi tomada graças às máquinas

A oeste, fica uma região chamada Nanghi [Gan ou Ngan-Khin], rica e agradável, onde é fabricada grande quantidade de tecidos de seda e ouro; há também frumento em abundância. A principal cidade desse país chama-se Sianfu [Siang-yang]; tem doze outras cidades sob sua dependência. Essa cidade foi sitiada durante três anos pelos tártaros, sem que a conseguissem tomar, enquanto toda a província de Mangi era subjugada. Pois está cercada de pântanos por todos os lados, de modo que só é possível dela aproximar-se do lado do setentrião. Pois, enquanto os tártaros a assediavam, os sitiados não deixavam de receber víveres e outros refrigérios por mar, o que muito aborrecia o Grande Khan. Foi então que cheguei à corte desse imperador, com meu pai e meu tio; e lhe demos um conselho que lhe permitiria tomar, em pouco tempo, aquela cidade, graças a certas máquinas cujo uso não era conhecido naquele país. Tendo aprovado o nosso conselho, mandamos alguns carpinteiros cristãos construírem três máquinas tão grandes, que podiam lançar pedras de trezentas libras de peso. Depois de testá-las, o rei as mandou instalar em navios e as enviou ao seu exército; montaram-nas diante da cidade de Sianfu e começaram a usá-la com tamanha impetuosidade contra a cidade, que, tendo a primeira pedra caído sobre uma casa, destroçou-a quase completamente. Vendo o efeito daquelas máquinas, os tártaros muito se admiraram; os da cidade, porém, ao perceberem o perigo que corriam, pois já não estavam em segurança em suas casas nem sob suas muralhas, capitularam e se renderam ao Grande Khan, para evitarem a ruína total.[25]

---

[25] Esse capítulo provocou muitos comentários, pois, além de os textos de Marco Polo oferecerem muitas variantes, alguns historiadores chineses que falam desse cerco parecem dizer que nele se fez uso de "canhões de fogo" de verdade; mas são meras hipóteses. A questão da prioridade de invenção da pólvora ainda está mal esclarecida para que se possa admitir algo de certo a esse respeito. Segundo uns, os primeiros "corpos explosivos" seriam de origem asiática; segundo outros, a Europa poderia reivindicar a invenção deles. De qualquer modo, nosso autor nada diz de especial a esse respeito.

Capítulo LIX
Da cidade de Singui e de um grande rio

São quinze milhas da cidade de Sianfu à de Singui, que, embora não seja grande, possui bom número de navios. Ergue-se sobre as margens de um rio muito grande, sem igual no mundo inteiro, chamado Quiam; tem em alguns pontos dez milhas de largura; em outros, oito; e em outros, seis, e seu comprimento é de cem dias de viagem. Há sobre esse rio grande quantidade de embarcações, que vão e vêm em tão grande número, que até parece que no mundo inteiro não se possam encontrar tantas. Há nessa cidade uma feira muito famosa, aonde são levadas mercadorias de todo tipo de lugar, através do rio. Há cerca de duzentas outras cidades às margens desse rio: pois ele rega dezesseis províncias, e não há nenhuma dessas províncias que não tenha pelo menos mil navios. As maiores embarcações desses países têm um só convés, e cada navio tem só um mastro para prender as velas. Não se valem de cordas (de cânhamo), a não ser para o mastro e as velas; mas fabricam as manobras e os outros cabos com grandes bambus, com os quais costumam puxar as embarcações pelo rio. Cortam esses bambus, que chegam a quinze passos de comprimento, e, ajuntando os restos deles, retorcem-nos e com eles fazem cordas muito longas, algumas das quais de trezentos passos de comprimento; e tais manobras são mais fortes até que as cordas de cânhamo.

Capítulo LX
Da cidade de Caigui

Caigui [Kua-tcheu] é uma cidadezinha que se ergue à margem do rio de que falamos, no sentido sudeste. Cresce em suas terras tamanha provisão de trigo e arroz, que parte é exportada até mesmo à corte do Grande Khan. Pois há muitos lagos que o Grande Khan mandou reunir e que proporcionam passagem conveniente a embarcações que vão e vêm, embora com frequência muitos barcos tenham de carregar e levar frumento por terra, até outro lago onde há outros navios para descarregá-lo, que seguem mais adiante. Perto da cidade de Caigui, há certa cidade construída no meio do rio, onde se encontra um mosteiro cheio de monges que servem os ídolos; e é o principal mosteiro entre todos os dedicados ao serviço dos ídolos.

Capítulo LXI
Da cidade de Cingianfu

Cingianfu [Tchin-kiang-fu] é uma cidade da província de Mangi onde se fazem muitos trabalhos de ouro e de seda. Há igrejas dos cristãos nestorianos, construídas por um tal Masareis, nestoriano, que governava essa cidade, em nome do Grande Khan, por volta do ano de Nosso Senhor de 1288.

Capítulo LXII
Da cidade de Cingingui e do massacre de seus habitantes

Saindo da cidade de Cingianfu, depois de três dias de viagem, chega-se à cidade de Cingingui [Tchang-tcheu] e se encontram pelo caminho muitas cidades e aldeias onde se pratica um animado comércio de todo tipo de mercadoria e onde os habitantes se dedicam a toda espécie de arte. A cidade de Cingingui é grande e rica; nela abunda tudo que é necessário à vida. Quando Baian, general dos tártaros, assediava a província de Mangi, enviou certos cristãos, chamados alains,[26] contra essa cidade, que a cercaram com tanta severidade que os habitantes foram obrigados a se render. Ao entrarem na cidade, não fizeram mal a ninguém, pois todos se submeteram de bom grado ao Grande Khan. Como encontraram nessa cidade boa quantidade de excelente vinho, tanto beberam que se embriagaram e, tomados pelo sono, nem pensaram em organizar a guarda da noite. Notando isso, os habitantes que os haviam primeiro recebido bem, lançaram-se sobre eles enquanto dormiam e os mataram a todos, sem escapar um só. Ao saber disso, Baian enviou contra a cidade outro exército, que, superando rapidamente suas defesas, matou sem misericórdia todos os habitantes, para vingar as vítimas.

---

[26] Esses alains, de origem cita, invadiram a Ásia, na segunda metade do século III, na companhia dos vândalos, dos suevos e dos burgúndios ou burguinhões. Habitam regiões do Cáucaso, onde hoje são conhecidos com o nome de ossetas. Foram subjugados em parte pelos capitães de Gengis Khan; e tornamos a encontrar essa população, levada para a Tartária e para a China, sob o reinado de Kublai Khan, neto de Gengis. (P.)

Capítulo LXIII
Da cidade de Singui

Singui [Su-tcheu] é uma cidade bela e grande, que chega a ter sessenta milhas de circunferência; é muito povoada, assim como toda a província de Mangi; mas os habitantes não são belicosos; são bons mercadores e bons artesãos, e há muitos médicos e filósofos. Há na cidade de Singui algumas pontes de pedra cujos arcos são tão altos, que os maiores navios, sem baixarem os mastros, podem passar sob ela. Crescem nessa província ruibarbo e gengibre em quantidade. A cidade tem sob sua dependência dezesseis outras cidades de pujante comércio; os habitantes vestem-se com tecidos de seda, lá fabricados em quantidade. O nome de Singui significa na língua deles "cidade da Terra", assim como têm outra cidade chamada Quinsai, que quer dizer "cidade do Céu", duas cidades notabilíssimas naquelas terras orientais.

Capítulo LXIV
Da nobre cidade de Quinsai

A cinco jornadas da cidade de Singui, há outra notável cidade chamada Quinsai,[27] que quer dizer "cidade do Céu"; é uma das maiores do mundo. Eu, Marco, estive nessa cidade e a examinei com atenção, observando os seus costumes e os hábitos do povo. Por isso relatarei em poucas palavras o que vi e notei.

---

[27] Hang-tcheu, antiga capital do império de Sung, um dos principais centros de formação da civilização chinesa.

A cidade tem cem milhas de circunferência; tem doze mil pontes de pedra, cujos arcos são tão altos, que as maiores embarcações podem passar sob elas sem baixar os mastros. Ergue-se a cidade num pantanal, mais ou menos como Veneza, de modo que sem esse grande número de pontes seria impossível ir de uma rua a outra. Tem ela artesãos e negociantes em tão grande número, que poderia parecer incrível se eu o dissesse. Os senhores não trabalham, têm servos para isso. Os habitantes dessa cidade vivem em meio aos prazeres, mas principalmente as mulheres; o que as faz parecerem mais belas que em outros lugares. Ao sul, há um grande lago dentro dos muros da cidade, com trinta milhas de circunferência,[28] sobre o qual se veem muitas mansões de fidalgos, ornamentadas por dentro e por fora. Há lá também alguns templos dedicados aos ídolos. No meio do lago há duas ilhotas, em cada uma das quais se vê um magnífico castelo ou palácio; nelas são guardados todos os utensílios necessários aos grandes banquetes, pois todos os cidadãos oferecem grandes jantares e levam os convidados a essas ilhas, para recebê-los com maior pompa. Há na cidade de Quinsai mansões mais que magníficas; há também em cada rua umas torres públicas, onde cada um guarda seus bens durante os incêndios. Pois essa cidade tem muitas casas de madeira, o que faz que esteja sujeita ao fogo. Os habitantes são idólatras; comem carne de cavalo, de cão e de outros animais impuros; servem-se da moeda do Grande Khan.

---

[28] A *Grande Geografia* chinesa diz que em 1354 os muros dessa cidade tinham seis mil e quatrocentos tchangs, o que equivale a cerca de vinte e quatro quilômetros.

O Grande Khan nela instalou uma forte guarnição, para mantê-la sob suas rédeas; e, para impedir os roubos e os homicídios, há uma patrulha de dez homens, durante a noite, sobre cada ponte. Há no perímetro da cidade uma montanha que sustenta uma torre; no alto da torre, são guardadas tábuas de madeira; os guardas que ali servem de sentinelas todas as noites, assim que percebem fogo em algum lugar da cidade, batem nessas tábuas com martelos de madeira, cujo barulho pode ser ouvido em toda a cidade, despertando os habitantes e possibilitando o combate ao fogo. Também golpeiam essas tábuas quando acontece alguma sedição. Todas as praças da cidade têm pavimento de pedras, o que a torna muito limpa. Também ali se encontram mais de três mil banhos que servem para os homens se lavarem: pois essa nação reduz toda a pureza à pureza do corpo. A distância entre a cidade e o oceano é de vinte e cinco milhas para o oriente. Vêm para aquele lugar um sem-número de embarcações da Índia e de outros países. O rio pelo qual se transporta todo tipo de mercadorias vem de Quinsai para esse porto. Como a província de Mangi é muito vasta, dividiu-a o Grande Khan em nove reinos, dando a cada um deles um rei. São poderosos todos esses reis, mas são súditos do Grande Khan; por isso lhe prestam conta todos os anos de sua administração e lhe pagam tributo. Um desses reis reside na cidade de Quinsai e governa cento e quarenta cidades. A província de Mangi contém ao todo mil e duzentas cidades. Em cada uma delas, há guarnições enviadas pelo Grande Khan para preservar a tranquilidade pública. Os soldados ou guardas dessas cidades são como uma mescla de várias nações, e vêm todos do exército do Grande Khan. Há nessa província e principalmente na de Mangi um grande interesse pelo movimento dos astros, por meio dos quais observam o horóscopo das crianças no dia do nascimento, anotando com exatidão o dia e a hora que a criança vem ao mundo e a natureza do planeta então dominante. Eles se orientam por esses juízos astrológicos em todas as ações da vida, e sobretudo nas viagens. É também costume por lá, quando morre alguém, que seus parentes vistam trajes de pano de saco e carreguem o defunto entoando cânticos; pintam sobre papel as imagens de servos, de servas, cavalos e moedas, e queimam tudo isso junto com o cadáver, na crença de que tudo aproveite ao morto no outro mundo, e de que ele terá tantos servos quantos forem as figuras pintadas no papel. Depois disso, mandam tocar muitos instrumentos musicais, dizendo que seus deuses receberão o morto na outra vida com uma cerimônia similar. Há na cidade de Quinsai um palácio magnífico, em que o rei Facfur tinha antigamente sua residência; o muro externo que defende esse castelo tem forma quadrada, com dez milhas de circunferência, e é proporcionalmente largo. Entre os muros há belos pomares que dão excelentes frutos; há também numerosas fontes e viveiros cheios de peixes. No meio fica o palácio real, de que falamos, muito amplo e belo, com vinte pátios de igual tamanho, em que poderiam estar presentes dez mil homens. Todos esses pátios são regiamente pintados e ornamentados. De resto, contam-se na cidade de Quinsai seiscentas mil famílias, cada qual formada pelo pai, pela mãe, pelos filhos, os domésticos, etc. Há apenas uma igreja de cristãos nestorianos. Também é costume nessa província e em toda a de Mangi que cada chefe de família escreva seu nome sobre a porta da casa, além do nome da esposa e de toda a família, até o número de cavalos que possui; quando morre ele ou alguém da família, ou quando a família se muda, apagam o nome do defunto ou do ex-morador; mas se escreve o nome de um recém-nascido ou de um filho adotivo. Com isso, é fácil saber o número de habitantes da cidade. Os proprietários de hotéis também escrevem sobre a porta o nome dos viajantes e dos hóspedes que se instalam em seus estabelecimentos, assim como o dia e o mês em que chegaram.

Capítulo LXV
Dos rendimentos que o Grande Khan aufere da província de Mangi

O Grande Khan exige todos os anos boa parte do sal produzido na cidade de Quinsai e em seu território; aufere das outras coisas, em especial das mercadorias, uma soma incalculável de dinheiro. Essa província produz grande quantidade de açúcar e toda espécie de ervas aromáticas. O Grande Khan recebe 3,5% dessas ervas; o mesmo acontece com todos os artigos do comércio. Aufere também grandes rendas com o vinho feito de arroz e de ervas aromáticas; os artesãos, em especial os que pertencem a uma dúzia de categorias, proporcionam-lhe certo lucro. Recebe 10% da seda, que, na província de Mangi, é fabricada em grande quantidade. Eu, Marco, ouvi certa vez o relato de tudo que o Grande Khan recebe da província de Quinsai a cada ano, e que constitui apenas a nona parte da província de Mangi: a soma elevava-se, sem contar a renda do sal, a quinze milhões em ouro e seiscentas mil libras.

Capítulo LXVI
Da cidade de Tampingui

Partindo da cidade de Quinsai e indo na direção norte, topamos continuamente com belas plantações e campos cultivados, até que, depois de um dia de viagem, chegamos à belíssima e notabilíssima cidade de Tampingui [Chao-hing-fu, capital do Chekiang]. A três jornadas dessa cidade, sempre na direção norte, encontramos grande quantidade de cidades e castelos. Elas ficam tão perto umas das outras, que até parece, de longe, formarem todas uma só grande cidade. Há grande abundância de víveres naquela região; crescem ali também bambus com quinze passos de comprimento e quatro palmos de circunferência. Indo mais adiante, a três jornadas de lá, deparamo-nos com uma cidade bela e grande, para além da qual, seguindo caminho sempre para o norte, encontramos muitas outras cidades e castelos. Há nessa região muitos leões, grandes e ferozes; mas não se encontram ovelhas, nem na província de Mangi. Há, porém, grande quantidade de bois, cabritos, bodes e porcos. A quatro jornadas de lá, topamos com outra bela cidade, chamada Ciangiam [Sui-tchang-hien, capital de um cantão do departamento de Tchu-tcheu], construída sobre uma montanha. Essa montanha divide um rio em duas partes, que seguem seu curso em direções opostas. Três dias mais adiante, encontramos a cidade de Cugui, que é a última da província.

Capítulo LXVII
Do reino de Fugui

Tendo deixado para trás a cidade de Cugui, adentramos o reino de Fugui [Fu-Tcheu], onde, depois de seis dias de marcha, é preciso seguir por montes e vales onde se encontram muitas cidades e castelos. Essa terra produz em quantidade tudo que é necessário à vida; a caça também é abundante, tanto no que se refere aos animais selvagens como às aves, e há leões em quantidade. O gengibre cresce em abundância; lá cresce também certa flor bem parecida com o açafrão, só que de outra espécie, embora sirva para o mesmo uso. Nesse país se come carne humana com grande prazer, contanto que os homens não tenham morrido de doença. Quando vão à guerra, cada qual recebe uma marca na testa com ferro quente; e, de todos eles, só o general vai a cavalo. Servem-se de lanças e escudos; e, quando matam algum inimigo, bebem seu sangue e comem sua carne: pois é gente muito cruel.

Capítulo LXVIII
Das cidades de Quelinfu e Unquen

Depois das seis jornadas de que falamos, chegamos a uma cidade chamada Quelinfu, grande e importante, construída às margens de um rio que passa perto das muralhas. Há sobre esse rio três pontes de pedra, ornamentadas com magníficas colunas de mármore; essas pontes têm três passos de largura e mil de comprimento. A cidade tem seda e gengibre em abundância; são belos os homens e as mulheres. Lá se encontram galinhas que têm pelos em vez de penas, como os gatos; seu pelo é negro, mas põem ótimos ovos. E como a região está repleta de leões, as estradas são perigosíssimas. A quinze milhas dessa cidade fica uma outra, chamada Unquen; dá em seu território grande quantidade de açúcar, que é transportado até a corte do Grande Khan, isto é, a cidade de Cambalu.

Capítulo LXIX
Da cidade de Fugui

Quinze milhas mais adiante, encontramos a cidade de Fugui,[29] que é a capital e a entrada do reino de Concha [Fo-Kien], um dos nove reinos de que é formada a província de Mangi. Há nessa cidade uma imensa guarnição para defender a província e as outras cidades e para reprimir os sediciosos que queiram rebelar-se contra o imperador. A cidade é cortada por um grande rio que chega a ter uma milha de largura [o rio Min]; e por não estar a cidade muito distante do mar oceano, nela há uma feira importante, aonde trazem da Índia grande número de pérolas e de outras pedras preciosas; há também açúcar em abundância e todo tipo de víveres.

---

[29] Fu-tcheu, cidade marítima, cujo arsenal foi destruído em 1884 pela armada francesa, sob o comando do almirante Courbet.

Capítulo LXX
Das cidades de Zeiton e de Figui

Depois de atravessar essa ponte e a cinco jornadas de lá, chega-se à cidade de Zeiton;[30] até lá não encontramos nem cidades nem castelos. A região é rica em tudo que é necessário à vida; nela há montanhas e florestas; sobre as árvores das florestas recolhem o pez. A cidade de Zeiton é bem grande; tem um excelente porto, onde atracam numerosas embarcações indianas, carregadas de diversos tipos de mercadorias. Há ali um dos mais belos mercados do mundo; pois a pimenta e todas as ervas aromáticas que vão de Alexandria para todos os países cristãos são transportadas dessa feira para Alexandria. O Grande Khan muito lucra com essa cidade, pois sobre cada embarcação ele cobra certo imposto bastante alto; pouco menos da metade de cada espécie de perfume. Há também nessa região outra cidade chamada Figui [Tek-Hua], que é considerável, sobretudo pelas belas porcelanas ali fabricadas. Essa província tem seu idioma particular. O que dissemos até aqui sobre a província de Mangi há de bastar; e, embora só tenhamos feito a descrição de dois dos nove reinos que ela contém, julgamos conveniente calar sobre os demais, para falarmos da Índia,[31] onde passamos algum tempo e onde vimos muitas coisas admiráveis que, por assim dizer, tocamos com as mãos.

---

[30] Tsiuan-tcheu, na província de Fu-kien.
[31] Como veremos, o viajante compreende sob esse nome todos os territórios asiáticos então conhecidos que não fazem parte do império do Grande Khan, a começar pelo Japão, por ele chamado de Zipangu.

LIVRO III

Capítulo I
Que tipos de navios há na Índia

Começaremos este terceiro livro, em que trataremos da Índia, pelas embarcações, os juncos, que nela se usam. Os maiores navios de que se servem os indianos no mar são normalmente feitos de madeira de pinheiro;[1] têm só um convés, que nossos marujos chamam de coberta, sobre a qual há cerca de quarenta camarotes para os mercadores. Cada barco tem um leme, quatro mastros e um número igual de velas; as tábuas são unidas com pregos de ferro, e as fendas são bem tapadas. E como o piche ou o asfalto são raros por lá, usam nos barcos o óleo de certa árvore, misturado com cal.[2] As grandes embarcações podem transportar duzentos homens, que as conduzem no mar com remos; além disso, cada navio pode carregar cerca de seis mil caixas. Há pequenas chalupas atadas à popa desses grandes barcos, que servem para a pesca e para lançar as âncoras.

---

[1] Ou de alguma madeira de leveza semelhante, pois o pinheiro não é muito encontrado nas regiões quentes da Ásia.

[2] Cimento chamado de galegata de Surate, composto de cal viva reduzida a pó e de óleo em que se faz fundir breu seco. (P.)

Capítulo II
Da ilha de Zipangu

A ilha de Zipangu,[3] situada em alto mar, dista do litoral de Mangi mil e quinhentas milhas; é muito grande; seus habitantes são brancos e de boa compleição; são idólatras e têm um rei que é independente de todos os outros. Há nessa ilha ouro em grande abundância; mas só muito dificilmente o rei permite que o levem da ilha. Por isso, quase não há mercadores que vão fazer negócios nessa ilha. Tem o rei um palácio magnífico, cujo telhado é de placas de ouro puro, assim como entre nós as grandes casas são cobertas de chumbo ou de cobre. Os pátios e os aposentos também são revestidos desse precioso metal. Encontram-se nesse país pérolas em abundância, redondas, grandes e vermelhas, muito mais estimadas que as brancas. Há também outras pedras preciosas, as quais, unidas à grande quantidade de ouro[4] que há nessa ilha, a tornam riquíssima.

Capítulo III
De como o Grande Khan enviou um exército para se apoderar dA ilha de Zipangu

O Grande Khan Kublai, ao saber que a ilha de Zipangu era tão rica, refletiu sobre como dela se assenhorear. Foi por isso que, tendo enviado dois comandantes, um de nome Abatan e o outro, Nonsa-chum, armou dois

---

[3] O Japão, em chinês Ji-pen-kuet, Reino do Sol Nascente. (P.)
[4] De fato, o Japão é muito rico em minas de ouro.

grandes exércitos para atacá-la. Tendo partido dos portos de Zeiton e de Quinsai com muitas embarcações carregadas de cavalaria e de infantaria, esses generais rumaram para a ilha de Zipangu e, ao desembarcarem, arrasaram a região plana e destruíram todos os castelos que encontraram pela frente; mas antes de subjugarem a ilha, aconteceu entre eles uma violenta briga pela preeminência, não querendo nenhum dos dois ceder o comando ao companheiro, o que causou um perigoso obstáculo ao sucesso da empresa. Pois tomaram um só castelo, no qual, depois de rendido, aqueles que tinham sido encarregados de defendê-lo pelo rei de Zipangu foram condenados pelo general a serem passados a fio de espada. Entre esses miseráveis, havia oito que traziam algumas pedras presas ao braço, cuja eficácia era tamanha, sem dúvida por encantamentos diabólicos, que foi impossível de nenhum modo feri-los e muito menos matá-los com o ferro, e por isso resolveram esmagá-los a pauladas.[5]

Capítulo IV
Rompem-se e afundam as embarcações dos tártaros

Certo dia, porém, formando-se sobre o mar uma furiosa tempestade, os barcos dos tártaros foram lançados à costa; os marinheiros, então, resolveram afastar da

---

[5] Marco Polo fala aí do que ouviu dos soldados que fizeram parte da expedição. Os orientais, como observa muito justamente Pauthier, não são os únicos a crer no poder dos amuletos. "Poderíamos citar entre nós", diz ele, "militares que julgaram poder preservar-se dos bólidos e das balas com certos objetos bentos que carregavam consigo".

terra as suas embarcações, nas quais estavam os dois exércitos tártaros. Mas, como a tempestade se tornava mais forte, vários navios se partiram e muita gente se afogou. Entre os que se salvaram agarrando-se a tábuas e outros destroços, alguns chegaram a uma ilhota de que não estavam muito longe e que fica bem perto da ilha de Zipangu.[6] Os que escaparam com seus navios voltaram para casa; chegou a trinta mil o número de homens que se salvaram do naufrágio nessa ilhota, depois que seus navios afundaram. E como não sabiam o que fazer para saírem de lá, já que a ilha desabitada não lhes podia fornecer víveres, só aguardavam a morte.

Capítulo V
De como os tártaros evitaram o perigo de morte e retornaram à ilha de Zipangu

Finda a tempestade, os habitantes da ilha de Zipangu vieram com grande números de embarcações e de homens para atacar os tártaros desarmados nessa ilhota, onde não podiam receber ajuda de ninguém. Tendo, portanto, desembarcado e deixado os barcos perto da praia, partiram em busca dos tártaros; estes, porém, usando de prudência, se esconderam não longe da beira do mar, esperando que os inimigos se distanciassem um pouco. Saíram, então, de seus esconderijos, entraram nas embarcações dos zipanguianos e fugiram habilmente do perigo, deixando o inimigo na ilha. E, seguindo

---

[6] Ao que parece, a ilha de Sado.

na direção da ilha de Zipangu com as bandeiras e as insígnias zipanguianas, que haviam encontrado nos barcos, dirigiram-se à principal cidade da ilha. Vendo as insígnias nacionais e crendo que eram seus soldados que voltavam vitoriosos, os habitantes foram ao encontro deles e os deixaram entrar, sem saber que eram inimigos, em sua cidade. Desembarcando, estes expulsaram a todos, salvo algumas mulheres.

CAPÍTULO VI
De como os tártaros foram expulsos, por sua vez, da cidade que haviam surpreendido

Ao saber tudo que se passava, o rei de Zipangu enviou outras embarcações para libertar seus soldados, presos, como dissemos, na ilhota. Fechou o cerco contra a cidade surpreendida pelos tártaros e mandou fechar todas as estradas com tanto rigor que ninguém podia entrar ou sair. Pois julgava absolutamente necessário que os tártaros sitiados não pudessem informar o Grande Khan, seu príncipe, sobre o que se passava; caso contrário, seria o fim de sua ilha. O cerco durou sete meses, ao fim dos quais os tártaros, vendo que não havia sinal de auxílio, devolveram a cidade ao rei de Zipangu e voltaram sãos e salvos para casa. Isso aconteceu no ano de Nosso Senhor de 1289.

Capítulo VII
Da idolatria e da crueldade dos habitantes da ilha de Zipangu

Adoram os zipanguianos muitos ídolos diferentes: pois uns têm cabeça de boi, outros, de porco, outros, de cão e, enfim, de diversos animais. Alguns há que têm quatro faces numa mesma cabeça, outros, três, uma normal e duas ao lado, sobre cada ombro. Há, enfim, os que têm muitas mãos, uns quatro, outros vinte e outros até cem; os que têm mais mãos são considerados mais verídicos. E quando perguntamos àquela gente de onde tiram aquela tradição, respondem que nisso eles imitam os pais e que não devem crer em nada que não tenham recebido deles.[7] Os zipanguianos têm outro costume: quando capturam algum estrangeiro, se puder pagar o resgate em dinheiro, eles o deixam ir, mas, se não tiver dinheiro, matam-no e cozinham; feito isso, comem-no com os amigos e parentes.[8]

Capítulo VIII
Do mar de Cim

O mar onde ficam essas ilhas [de Zipangu e outras] chama-se mar de Cim,[9] o que quer dizer, mar próximo

---

[7] Tudo que acaba de ser dito se relaciona com o culto budista, que de longa data se espalhara por toda a Ásia oriental e cujos mitos simbólicos recebiam em cada povo uma nova personificação.

[8] Antigos relatos de viagem confirmam essa afirmação. (P.)

[9] Cim ou Tchin, com que os ocidentais formaram o nome China. Esse nome foi dado pelos japoneses ao grande império continental, na época em que o famoso Chi-Hoang-Ti, da dinastia de Tsin (221-208 a.C.), estendeu suas conquistas a grande parte da Ásia. (P.)

do Mangi: pois em sua língua os habitantes dessas ilhas dão a Mangi o nome de Cim. Ora, nesse mar, segundo o testemunho dos pescadores e marujos, há sete mil e quatrocentas ilhas, quase todas habitadas, que produzem grande quantidade de toda espécie de especiarias e coisas preciosas, tanto produtos de árvores e plantas como metais e pedraria. Na verdade, é grande a distância dessas ilhas, e os marinheiros de Mangi são os únicos que para lá se dirigem. Vão no inverno e voltam no verão, porque há só dois tipos de vento ali, que se opõem diretamente: o vento de inverno, que serve para ir, e o vento de verão, para voltar.[10]

Capítulo IX
Da província de Ciamba

Partindo do porto de Zeiton e navegando para sudoeste, chega-se à província de Ciamba,[11] que dista desse porto mil e cinquenta milhas. Ela é bem grande e tem cordeiros em abundância. Os habitantes são idólatras e têm sua própria língua. No ano da Encarnação do Filho de Deus de 1268, o Grande Khan enviou um general chamado Sogatu, com um poderoso exército, para subjugar essa província; mas quando chegou ao país, reconheceu que as cidades estavam tão bem fortificadas e os castelos, tão fortes, que era quase impossível

---

[10] Essas numerosíssimas ilhas, de que Marco Polo, aliás, só fala por ouvir dizer, são evidentemente aquelas com que os geógrafos modernos formam o vasto arquipélago da Malásia.

[11] Província do atual Vietnã. (N. T.)

tomá-los. No entanto, ele pôs fogo em todas as casas de campo, cortou as árvores e causou tantos estragos nessa província, que o rei se tornou voluntariamente tributário do Grande Khan, para que ele mandasse que o tal general fosse embora de suas terras. Fizeram um acordo, a saber, que o rei de Ciamba enviaria a cada ano ao Grande Khan vinte dos mais belos elefantes. E eu, Marco, estive nessa província, cujo rei tinha, então, tamanha multidão de mulheres, que tinha trezentos e vinte e seis filhos ou filhas, dos quais cento e cinquenta já em idade de portar armas. Há muitos elefantes naquelas terras, e madeira de aloés em abundância; também lá se encontram florestas de ébano.

Capítulo X
Da ilha de Java

Depois de ter deixado a província de Ciamba, navega-se para o sul por mil e quinhentas milhas, até a grande cidade chamada Java, que chega a ter de circunferência três mil milhas. Tem um rei que não é tributário de ninguém. Ele tem pimenta em abundância, noz moscada e outras especiarias. Muitos mercadores vão lá fazer negócio, pois ganham muito com as mercadorias que trazem de lá. Os habitantes da ilha são idólatras, e o Grande Khan até hoje não conseguiu submetê-los a seu jugo.

Capítulo XI
Da província de Sucat

Navegando-se da ilha de Java, contam-se setecentas milhas até as chamadas ilhas de Sondur e Condur,[12] para além das quais, avançando entre o sul e o oeste, contam-se cinquenta milhas até a província de Sucat [Bornéu], muito rica e vasta; tem seu próprio rei e um idioma particular. Os habitantes são idólatras. Criam-se nesse país enormes ursos domesticados. Há também muitos elefantes e ouro em quantidade. Usam grãos de ouro como moeda. Há poucos estrangeiros que visitam essa província, porque seus habitantes são desumanos demais.

Capítulo XII
Da ilha de Petan

Afastando-nos da província de Sucat, navegamos o espaço de quinhentas millas para o sul, até a ilha de Petan [Bintang, na península de Malaca], cujas terras são em boa parte cobertas de florestas e matas; as árvores são odoríferas e dão muito lucro. De lá se vai ao reino de Maletur [Malaca], onde há grande abundância de especiarias; os habitantes têm um idioma particular.

---

[12] Ilhas dos Dois Irmãos e de Condor. (P.) [Atualmente arquipélago de Con Son, no sul do Vietnã. (N. T.)

Capítulo XIII
Da ilha que é chamada de pequena Java

Para além da ilha de Petan, navegando pelo vento chamado siroco, encontramos a pequena Java [Sumatra], distante cem milhas de Petan. Dizem que ela tem duas mil milhas de circunferência. Essa ilha é dividida em oito reinos, e os habitantes têm seu idioma particular. Produz diversos perfumes desconhecidos em nosso país. Os habitantes são idólatras. A ilha avança tanto para o sul, que a estrela tramontana, ou polar, nela já não pode ser vista.[13] Eu, Marco, estive nessa província e percorri seis de seus reinos, a saber, o de Ferlech, o de Basman, o de Samara, o de Dragoiam, o de Lambri e o de Fansur; não estive nos outros dois.

Capítulo XIV
Do reino de Ferlech

Os habitantes desse reino, que residem nas montanhas, não obedecem a nenhuma lei, mas vivem como animais, adorando a primeira coisa que de manhã cruza o seu caminho. Comem a carne de animais puros e impuros, e até carne humana. São maometanos, tendo aprendido essa lei com os mercadores sarracenos que lá aportam.

---

[13] A ilha de Sumatra, de fato, situa-se sobre a linha equatorial, ponto extremo de visibilidade da estrela polar, que os antigos marinheiros chamavam de *tramontana*. Sabe-se que a expressão proverbial *perder a tramontana* é uma recordação daqueles tempos em que, não tendo ainda sido inventada a bússola, os navegantes não conseguiam mais se orientar quando deixavam de ver a estrela correspondente ao polo boreal.

Capítulo XV
Do reino de Basman

Fala-se nesse reino uma língua particular, e os habitantes vivem como animais. Reconhecem o Grande Khan como senhor, mas não lhe pagam nenhum tributo, a não ser alguns animais selvagens que de quando em quando lhe enviam. Lá se encontra grande quantidade de elefantes e de unicórnios,[14] e estes animais são um pouco menores que os elefantes, tendo a pele como a do búfalo e a pata como a do elefante; a cabeça é como a do elefante, e, como os porcos, gostam de lama e de imundície; têm um grosso chifre negro no meio da testa; têm uma língua áspera e com ela muitas vezes ferem homens e animais. Esse país também é rico em macacos de diversas espécies, grandes e pequenos, que são muito parecidos com os homens. Os caçadores capturam-nos e os depilam, salvo no lugar da barba e de certas outras partes do corpo; e, depois de matá-los, temperam-nos com várias ervas odoríferas e depois disso os fazem secar, e os vendem aos negociantes, que os levam a diversos pontos da terra, apregoando que são homúnculos habitantes das ilhas do mar.

---

[14] Com o nome de unicórnio, dado muitas vezes a um animal fabuloso, Marco Polo designa evidentemente o rinoceronte.

Capítulo XVI
Do reino de Samara

Eu, Marco, passei cinco meses no reino de Samara com meus companheiros; mas não sem muito nos aborrecermos: pois aguardávamos que o tempo fosse propício para a navegação. Lá, os habitantes vivem como animais, comem carne humana com grande apetite. Por isso, evitando a companhia deles, construímos barraquinhas de madeira bem perto do mar, onde nos mantínhamos na defensiva contra os ataques dessa canalha. Não se vê nesse reino nem a Ursa Maior nem a Menor [constelações polares boreais], como as chamam os astrônomos, tão distante ele está do setentrião. Os habitantes são idólatras; têm excelentes peixes e em abundância; mas lá não cresce o trigo. Fazem pão de arroz. Tampouco têm vinhas, mas produzem uma bebida a partir de certas árvores, da seguinte maneira. Há naquelas terras muitas árvores com apenas quatro galhos (uma espécie de palmeira), que eles cortam em certa estação do ano e de que sai um líquido que eles ajuntam. Ele escorre com tanta abundância, que num dia e numa noite podem encher com um só galho um cântaro; em seguida, preenchem outro, até que nada mais escorra do galho: é essa sua vindima.[15] Têm um método para tornar mais abundante esse fluxo, regando as raízes com água quando o líquido escorre devagar demais; mas então o licor não é tão agradável como quando escorre naturalmente. Também abunda nesse país o coco.

---

[15] Todos já ouviram falar do vinho de palma, bebida muito agradável e capitosa.

Capítulo XVII
Do reino de Dragoiam

Os homens desse reino são em sua maioria muito selvagens; adoram os ídolos, têm seu próprio idioma e um rei. Um costume entre eles determina que, quando alguém está doente, os amigos e parentes reúnam os magos e os feiticeiros para lhes perguntar se o enfermo vai sarar; e estes respondem o que os demônios lhes sugerem. Se disserem que não vai sarar, fecham a boca do paciente para impedir-lhe a respiração; e assim o fazem morrer, para que não morra de doença. Em seguida, despedaçam sua carne, cozinham-na e comem-na; e são os parentes e os melhores amigos que cometem essa horrível ação. Justificam-se dizendo que, se a carne apodrecesse, se transformaria em vermes, e que esses vermes, por fim, não encontrando mais alimento no cadáver, acabariam morrendo de fome, e com isso, a alma do morto muito sofreria no outro mundo. Enterram os ossos nas cavernas das montanhas, para que não sejam pisados pelos homens e pelos animais. E quando capturam um homem de um país estrangeiro, se ele não puder pagar em dinheiro o resgate, matam-no e comem-no.

Capítulo XVIII
Do reino de Lambri

Há ainda outro reino naquela ilha, chamado Lambri, onde cresce em grande quantidade o pau-brasil;[16] quando brota, é transplantado e deixado na terra por três anos; depois disso, é novamente arrancado. Eu, Marco, trouxe comigo para a Itália sementes dessas árvores, e as plantei; mas não cresceram, pelo calor insuficiente. Os habitantes dessas terras são idólatras. Lá se encontram alguns homens que têm rabo como cães, de um palmo de comprimento; mas vivem retirados nas montanhas. Também há unicórnios e muitos outros tipos de animais.

Capítulo XIX
Do reino de Fansur

Cresce no reino de Fansur uma excelente cânfora que é vendida a peso de ouro. Os habitantes fazem pão de arroz, pois não têm trigo. Fazem uma bebida com a seiva das árvores, como explicamos mais atrás. Há nessa região certas árvores chamadas "mori" [sagu ou fruta-pão], com a casca fina e por baixo dela se encontra uma excelente espécie de farinha, por eles muito bem preparada. É um prato delicado, do qual comi algumas vezes, para minha delícia.

---

[16] O chamado pau-brasil era há muito conhecido na Europa, onde era levado como matéria para fabricação de tintas, sem que os que o usavam conhecessem sua proveniência exata. Note-se que, mais tarde, o atual Brasil deve seu nome ao fato de terem os seus descobridores lá encontrado a árvore que fornece essa madeira preciosa.

Capítulo XX
Da ilha de Necuram

Da ilha de Java até as ilhas Necuram e Anganiam [ilhas Nicobar] são cento e cinquenta milhas. O povo da ilha de Necuram vive de maneira completamente bestial e não tem rei: andam completamente nus, tanto os homens como as mulheres. Têm parques cobertos de árvores, de sândalo, noz-da-índia e cravo-da-índia; têm também pau-brasil em abundância e grande quantidade de ervas aromáticas.

Capítulo XXI
Da ilha de Angania

É grande a ilha de Angania. Seus habitantes vivem como animais, são selvagens e muito cruéis, adoram os ídolos e vivem de carne, arroz e leite; também comem carne humana. Os homens são desengonçados, pois sua cabeça parece a de um cão, assim como os dentes e os olhos. Há nessa ilha uma estranha abundância de todo tipo de perfume, além de árvores frutíferas de diversas espécies.

Capítulo XXII
Da grande ilha de Seilam

Desde a ilha acima citada, na direção sudoeste, são mil milhas até a ilha de Seilam [Ceilão], considerada uma das melhores ilhas do mundo, com duas mil e quarenta milhas de circunferência. Já foi maior, pois dizem por lá que tinha antigamente três mil e seiscentas milhas; mas como o vento do norte soprou com muita impetuosidade durante muitos anos, as ondas do mar invadiram de tal maneira a ilha, que com o tempo engoliram até montanhas, além de muitas outras terras. A ilha tem um rei riquíssimo, que não paga tributo a ninguém; os habitantes são idólatras e quase todos andam nus. Seu único cereal é o arroz, que, com o leite, lhes serve de sustento. Têm abundância de sementes de gergelim, das quais extraem o óleo. Extraem sua bebida das árvores, da maneira explicada mais acima. A ilha produz muitas pedras preciosas, entre as quais rubis, safiras, topázios e ametistas. O rei dessa ilha é dono de um rubi considerado o mais belo do mundo, pois tem um palmo de comprimento e uma espessura de três dedos; brilha como o fogo mais ardente e não tem nenhum defeito. O Grande Khan quis dar a esse rei uma bela cidade em troca desse rubi; ele, porém, recusou a oferta, com o pretexto de que o recebera de seus antecessores. Os habitantes da ilha não são guerreiros, mas, quando são obrigados a guerrear, contratam estrangeiros mercenários, principalmente maometanos.

Capítulo XXIII
No reino de Maabar, que fica na grande Índia

Para além da ilha de Seilam, e a sessenta milhas de lá, encontramos a província de Maabar,[17] também chamada de Grande Índia. É terra firme, não uma ilha. Há cinco reis nessa riquíssima província. No primeiro desses reinos, chamado Lar, reina Senderba; nele encontramos grande quantidade de pérolas. Entre esse continente e certa ilha, há um braço de mar quase seco e lodoso; em alguns pontos, não tem mais de dez passos de profundidade, em outros, apenas três ou até dois: é lá que se colhem as pérolas. Muitos mercadores vão até lá com grandes e pequenas embarcações e mandam mergulhadores descerem até o fundo do mar para pescarem as conchas de que retiram as pérolas. Esses mergulhadores, quando não mais conseguem ficar sob a água, voltam à tona nadando; em seguida, voltam a mergulhar, o que fazem por vários dias. Também há nesse braço de mar grandes peixes que matariam com facilidade um homem, se não se valessem contra eles da seguinte artimanha. Os comerciantes levam consigo alguns magos, chamados "abrajamin";[18] esses magos esconjuram os peixes com seus feitiços e sua arte mágica, e depois disso eles não podem mais fazer mal a ninguém. Durante a noite, que é a hora em que os negociantes fazem a pesca das pérolas, esses magos interrompem o efeito de suas

---

[17] Apesar da semelhança entre os nomes, não se trata do Malabar, mas de Coromandel, que fica a nordeste do cabo Comorim, enquanto o Malabar fica a noroeste, na costa oposta, e dele se falará mais adiante com o nome de Melibar. (P.)

[18] Brâmanes ou sacerdotes de Brahma.

conjurações, para que os ladrões, sentindo que não haveria mais perigo, não se joguem ao mar e levem consigo as conchas com as pérolas. Ora, esses feiticeiros são os únicos que conhecem as palavras dessa conjuração. Essa pesca das pérolas não acontece o ano inteiro, mas só nos meses de abril e de maio; mas se pesca grande quantidade de pérolas nesse pouco tempo. Os mercadores pagam o décimo ao rei, aos magos o vigésimo e recompensam generosamente os pescadores. Ademais, a partir de meados de maio já não se encontram pérolas nesse lugar, mas em outro, que dista trezentas milhas dele; e lá se pesca nos meses de setembro e outubro. Os habitantes dessa província andam nus; o rei anda nu como os outros, trazendo ao pescoço um colar de ouro ornado de safiras, rubis e outras pedras preciosas. Traz também pendurado ao pescoço um cordão de seda com cento e quatro pedras preciosas, a saber, pérolas de tamanho médio, que é como uma espécie de terço, com o qual recita durante o dia as orações que sussurra aos seus deuses. Carrega também em cada braço e em cada perna três argolas de ouro, com pedras preciosas engastadas. Os dedos dos pés e das mãos também são enfeitados com pedrinhas muito preciosas, também engastadas no ouro.

Capítulo XXIV
Do reino de Lar e dos diversos erros de seus habitantes

Todos os habitantes do reino de Lar são idólatras: muitos adoram o boi como divindade, e é essa a razão pela qual não matam nenhum bovino; e, quando morre algum, untam suas casas com a gordura do animal.[19] Alguns há entre eles, porém que, embora não matem os bois, comem sua carne quando tiverem sido mortos por outros. Dizem que o apóstolo São Tomé foi morto nessa província, e que seu corpo foi conservado até hoje numa igreja. Há nessa região muitos magos, que se dedicam aos augúrios e às adivinhações. Há também muitos mosteiros onde se cultuam os ídolos; alguns habitantes dedicam-lhes suas filhas, embora as conservem em suas casas, salvo nos dias em que os sacerdotes querem festejar suas solenidades. Pois então mandam chamar essas meninas e cantam com elas em honra de seus falsos deuses, com um ar tão desagradável como forçado. Essas moças também levam alimentos consigo, que apresentam ao ídolo. E, enquanto cantam e batem os pés, imaginam que seus deuses comem o que lhes foi apresentado; e principalmente quando derramam em sua presença o sumo das carnes, com o qual, segundo eles, os deuses experimentam um prazer especial. Terminadas essas cerimônias, as meninas voltam para casa. Continuam a servir assim aos ídolos até se casarem. Observa-se ainda nesse país o costume de, quando morre o rei e o levam para ser cremado, muitos de seus soldados se lançam ao fogo, na esperança de na outra vida não serem separados dele; as mulheres fazem o mesmo quando seus maridos devem ser queimados, na esperança de serem suas esposas no outro mundo. E os que não seguem esse costume não são vistos com bons olhos pelo povo. Há outro costume estranho naquele

---

[19] Sabe-se que o boi e a vaca são considerados animais sagrados pelos hindus.

país: se alguém for condenado por crime, considera um favor suicidar-se em honra de algum deus. Pois se o rei lhe concede essa graça, todos os seus parentes e amigos se reúnem, e dez ou doze deles colocam a faca sobre o seu pescoço; sentam-no numa cadeira e o levam por toda a cidade, gritando: "Este homem deve matar-se em honra deste ou daquele deus". Em seguida, ele mesmo se corta, gritando: "Mato-me em honra de tal deus". Dito isso, ele abre a sua chaga e conclui com outro ferro; e tanto se fere que acaba morrendo. Os parentes queimam seu corpo com muita alegria.

Capítulo XXV
De muitos diferentes costumes do reino de Lar

É costume nesse país que o rei, assim como seus súditos, se sentem no chão; e quando criticados por esse costume, normalmente respondem: "Nascemos da terra e à terra devemos voltar, e por isso queremos honrar a terra". Não estão acostumados à guerra, e quando guerreiam não usam trajes capazes de protegê-los dos golpes, mas carregam escudos e lanças. Não matam nenhum animal; quando, porém, querem comer carne, mandam pessoas de outra nação matarem os animais. Tanto os homens como as mulheres tomam banho duas vezes por dia; e, se alguém quiser desobedecer à regra, será considerado herético. Punem com rigor os roubos e os homicídios. Não fazem uso do vinho; e se alguém for flagrado bebendo-o, será julgado infame e incapaz de testemunhar em juízo. Também recusam como testemunhas aqueles que tiverem ousado expor-se aos perigos do mar, pois são considerados loucos.

Capítulo XXVI
De algumas outras circunstâncias desse país

Não se criam cavalos no país; mas o rei de Lar e os quatro outros reis gastam fortunas, todos os anos, para comprá-los. Pois não passa um ano em que eles não comprem mais de dez mil cavalos, trazidos de outros países pelos negociantes, que com eles auferem grandes lucros. Compram-se cavalos muitas vezes durante o ano, porque os cavalos não conseguem viver muito tempo naquelas terras, e aqueles que deles cuidam não sabem como curar suas enfermidades; quando as éguas dão à luz suas crias, estas sempre têm deformidades que as tornam inúteis, pois nascem com os pés torcidos ou com alguma outra anomalia. Não nasce trigo nessa província; mas nela há muito arroz, com o qual é impossível alimentar os cavalos, a menos que lhes sirvam o arroz cozido com carne. Nesse país quase não chove, a não ser nos meses de junho, julho e agosto: se não chovesse nesses meses, ninguém conseguiria viver lá, por causa do extremo calor. O país é rico em todo tipo de aves desconhecidas em nosso país.

Capítulo XXVII
Da cidade onde está enterrado o corpo de São Tomé

Na província de Maabar, também chamada de Grande Índia, conserva-se o corpo de São Tomé apóstolo, que sofreu o martírio nessa província pelo amor de Jesus Cristo. Repousa seu corpo numa cidadezinha onde há muitos cristãos e maometanos, que lhe rendem as devidas homenagens. Vão poucos comerciantes a essa cidade, pois há pouca oportunidade de negócio. Dizem os habitantes da região que esse apóstolo foi grande profeta, e o chamam Avoryam, que quer dizer "santo homem". Os cristãos que vêm de longe para cultuar seu corpo levam consigo, quando partem, um pouco da terra onde dizem que ele foi morto, e a misturam com a bebida dos enfermos, para curá-los, crendo que é um excelente remédio.

Dizem que no ano de 1277 ocorreu o seguinte milagre em seu túmulo: tendo o príncipe uma grande safra de arroz para colher e não tendo espaço bastante para guardá-lo, apoderou-se da igreja e das casas ligadas a essa igreja dedicada a São Tomé, e ali armazenou seu arroz, contra a vontade dos que conservavam aqueles lugares. Algum tempo depois, o santo lhe apareceu de noite, segurando um bastão de ferro na mão; encostou-o ao pescoço do príncipe e ameaçou matá-lo, dizendo: "Se não sairdes o quanto antes das minhas casas, que ocupastes temerariamente, morrereis morte vergonhosa". Quando acordou, o príncipe deixou, seguindo as ordens do apóstolo, a sua igreja; com isso os cristãos tiveram grande consolação e agradeceram a Deus e a seu santo.

Capítulo XXVIII
Da idolatria dos pagãos daquele reino

São negros todos os habitantes do reino de Maabar, tanto homens como mulheres; mas usam de certa artimanha para isso, imaginando que, quanto mais negro, mais belo. Pois esfregam as crianças três vezes por semana com óleo de gergelim, o que os torna muito negros; entre eles, o que for mais negro é o mais apreciado. Os idólatras também enegrecem as imagens de seus deuses, dizendo que são negros os deuses e todos os santos; mas pintam de branco o demônio, certos de que os demônios têm essa cor. E quando os adoradores de bois vão à guerra, trazem consigo os pelos de um boi selvagem e o atam à crina dos cavalos. Os peões prendem esses pelos nos cabelos ou nos escudos, certos de que isso os protegerá de qualquer perigo: pois consideram santíssimo o boi selvagem.

Capítulo XXIX
Do reino de Mursili, onde se encontram diamantes

Para além do reino de Maabar, a mil milhas, fica o reino de Mursili [Masulipatão], que não paga tributo a ninguém. Vivem os habitantes de carne, de arroz e de leite; são maometanos. Em algumas montanhas do reino se encontram diamantes: pois, quando chove, os homens vão aos lugares onde as águas descem das montanhas e lá encontram muitos diamantes no cascalho. No verão, também escalam as montanhas, ainda que com muita dificuldade, por causa do calor extremo, e se expõem a um perigo evidente por causa das grandes serpentes que ali vivem em grande número; eles procuram diamante nos vales das montanhas e nos outros lugares cavernosos, e às vezes os encontram em abundância. Eis como: há nessas montanhas águias brancas, que comem as serpentes de que falamos; caminhando pelas montanhas e muitas vezes, por causa das trilhas difíceis e dos precipícios, não podendo descer até os vales, os homens neles jogam postas de carne fresca; ao perceberem isso, as águias vêm pegar a carne, e assim levam os diamantes que foram presos à carne.[20] Vendo aonde foi a águia, os homens correm até lá e encontram as pedrinhas ao redor do ninho; mas se as águias comerem a carne de imediato, os caçadores descobrem onde ela se retira à noite para dormir e vão catar os diamantes no meio do esterco. Os reis e os altos personagens compram os mais belos diamantes, e permitem aos mercadores levar consigo os outros. Essa província é rica em tudo que é necessário à vida; e há ali, principalmente, grande número de enormes carneiros.

Capítulo XXX
Do reino de Laé

Tendo partido da província de Maabar na direção do ocidente, chegamos à província de Laé, habitada pelos abrajamins [sectários de Brahma], que têm horror de mentiras. Cada um tem apenas uma mulher, abominam o rapto e o roubo, não se servem para o sustento nem de carne nem de vinho e não matam nenhum animal. São idólatras e apegados aos presságios. Quando querem comprar alguma coisa, antes examinam sua sombra e, conforme o juízo que formarem, pagam o artigo. Comem pouco e fazem grandes abstinências. Misturam à bebida certa erva de muito auxílio para a digestão.

---

[20] Essa pesca milagrosa é o tema de um dos contos das *Mil e uma noites*.

Jamais recebem sangrias. Há entre eles alguns idólatras que vivem com muita austeridade em honra de seus ídolos. Andam nus e dizem não ter vergonha do que é sem pecado. Adoram os bois e untam com reverência o corpo com um óleo que fazem com os ossos dos bovinos. Não usam a faca ao comer; mas colocam a comida em folhas secas que tiram das árvores da chamada fruta do paraíso [bananeiras] ou de algumas outras árvores. Não comem nem frutas nem verduras, pois dizem que todas essas coisas, por serem verdes, têm vida e alma. Por isso, não querem matá-las, para não cometerem um grave pecado, ao retirar a vida de uma criatura. Dormem sobre a terra nua e cremam os mortos.

Capítulo XXXI
Do reino de Coilum

Partindo do reino de Maabar à outra parte da costa, a quinhentas milhas dali se chega ao reino de Coilum,[21] onde há muitos cristãos, judeus e pagãos. O rei desse país não paga tributo a ninguém, e os povos têm um idioma particular. Há ali muita pimenta, pois as florestas e outros lugares estão cheios de arbustos que dão pimenta. Ela é colhida nos meses de maio, junho e julho. O país é tão quente que é impossível viver lá. Até os rios são tão quentes, que neles se pode cozinhar um ovo. Fabricam todo tipo de artigos nesse país, por causa do grande lucro proporcionado pelos negociantes que vêm comprá-los.

---

[21] Quilu ou Kulem, na costa do Malabar.

Lá se encontram também muitos animais que não há em outras terras, pois lá vivem leões cinzentos, papagaios de pés brancos e bico vermelho, galinhas completamente diferentes das nossas. Acreditam eles que tal diversidade se deva ao clima muito quente. Não cultivam o trigo, mas o arroz. Fazem uma bebida à base de açúcar em lugar do vinho. Há ali muitos astrólogos e médicos. Andam quase completamente nus, tanto os homens como as mulheres. Tornam-se negros e disformes em razão do sol forte demais, mas julgam, ao contrário, serem os mais belos. Escolhem suas mulheres entre os parentes de terceiro grau, e também se casam com a sogra quando o pai morre, e com a cunhada quando morre o irmão, o que, aliás, se pratica em toda a Índia.

Capítulo XXXII
Da província de Comar

O país de Comar[22] é a parte da Índia onde o polo ártico ainda pode ser visto, mas não pode ser visto desde a ilha de Java até essa província, porque todos os países que ficam entre os dois estão além da linha equinocial. É país muito selvagem; nele há muitos animais desconhecidos nos outros países, principalmente macacos, perfeitamente semelhantes aos homens; há também grande número de leões e leopardos.

---

[22] Ao que parece, a região em que termina o cabo Camorim.

Capítulo XXXIII
Do reino de Eli

Saindo da província de Comar e indo na direção do ocidente, a trezentas milhas de lá se chega ao reino de Eli, que tem seu próprio rei e língua própria. Os habitantes são idólatras. O rei é riquíssimo e possui grandes tesouros; mas não tem um grande povo, embora o país seja fortificado por natureza. Nele cresce grande quantidade de pimenta, de gengibre e de outras ervas aromáticas. Se algum navio carregado for obrigado a aportar nessa província, por tempestade ou necessidade, os habitantes apoderam-se de tudo que há na embarcação e dizem ao comandante: "Vocês tinham resolvido ir a outro lugar com essas mercadorias, mas o nosso deus e a fortuna trouxeram vocês para cá: por isso aproveitamos o que eles nos mandam".

Capítulo XXXIV
Do reino de Melibar

Depois do reino de Eli, chega-se ao reino de Melibar [o atual Malabar], que está na Grande Índia na direção do ocidente. Ele tem seu próprio rei, que não paga tributo a ninguém, e também seu próprio idioma. Os habitantes são idólatras. Há nesse reino muitos piratas que todos os anos singram o mar com cem navios e capturam todos os navios mercantes que encontram. Levam as suas mulheres e as crianças, e passam todo o verão no mar, fechando a passagem para todos os mercadores, de modo que muito raramente conseguem escapar de seus laços. Pois com vinte navios ocupam cem milhas de passagem, colocando um de seus barcos a cada cinco milhas; quando avistam um navio carregado de mercadorias, emitem um sinal de fumaça para avisar o mais próximo de seus barcos e assim, de um em um, logo todos sabem que há um navio a ser capturado; são, então, mandadas tantas embarcações quantas necessárias para tomar o navio que chega. Não fazem mais nenhum mal à tripulação do navio, senão levá-la para terra firme, pedindo-lhe que vá buscar mais mercadorias e as traga pelo mesmo caminho. Há por lá grande abundância de pimenta, de gengibre e de noz-da-índia (coco).

Capítulo XXXV
Do reino de Gozurath

Perto do reino de Melibar há outro reino chamado Gozurath, com seu próprio rei e sua própria língua. Esse reino fica na Pequena Índia, para os lados do ocidente; nele se vê o polo ártico no horizonte, a seis braços de altura, o que equivale a sete ou oito graus celestes. Há também nesse reino piratas, que, ao capturarem mercadores, os obrigam a beber tamarindo com água do mar, o que provoca diarreia. Fazem isso porque quando os mercadores avistam de longe os piratas, costumam engolir as pérolas e as pedras preciosas que trazem consigo, para que eles não as tomem; estes, porém, que não ignoram a esperteza dos comerciantes, os obrigam a devolver as pérolas que engoliram. Há por lá grande abundância de pimenta selvagem e de gengibre. Há também certas árvores de que se extrai grande quantidade de seda. Essa árvore chega à altura de seis passos e dá fruto durante vinte anos; depois disso, não vale mais nada. Também se prepara nesse reino um couro belíssimo, tão bom como qualquer um que se possa encontrar em outros lugares.

Capítulo XXXVI
Dos reinos de Tana, de Cambaeth e de alguns outros

Do reino de que acabamos de falar se vai por mar aos reinos de Tana, de Cambaeth [Cambaia] e de Semenath, situados a oeste, onde se fabricam muitos tipos de artigos. Cada um desses reinos tem seu rei e seu idioma particulares. Não posso dizer muita coisa sobre eles, porque ficam na Grande Índia, da qual não pretendo falar, a não ser de alguns pontos situados à beira-mar.

Capítulo XXXVII
Das duas ilhas onde os homens e as mulheres vivem separados

A quinhentas milhas para além do reino de Semenath, para o sul, há duas ilhas distantes uma da outra trinta milhas: numa moram os homens, e por isso é chamada de ilha Macha; a outra, onde residem as mulheres, é chamada de ilha Fêmea.[23] São cristãos, tanto os homens como as mulheres, e se casam juntos. As mulheres não vão jamais à ilha dos homens, mas os homens vão à das

---

[23] Os comentadores ainda não entraram em acordo a respeito da localização e da identidade dessas ilhas.

mulheres, e permanecem durante três meses seguidos com elas, ou seja, cada um com sua mulher e em sua casa. Depois disso, voltam para a ilha deles, onde permanecem todo o resto do ano. As mulheres cuidam dos filhos que têm com seus maridos até os catorze anos de idade; depois disso, mandam-nos para os pais. Essas mulheres nada mais fazem do que cuidar dos filhos e recolher os frutos da terra; os homens, porém, trabalham para sustentar as esposas e os filhos. Dedicam-se à pesca e apanham peixes em quantidade, que vendem, já secos, aos mercadores, e com isso obtêm grandes lucros. Vivem de carne, peixe, arroz e leite. Naquele mar abundam as baleias e os peixes grandes. Os homens não têm rei; têm, porém, um bispo que consideram seu senhor e que é sufragâneo do arcebispo de Scoira, de que falaremos.

Capítulo XXXVIII
Da ilha de Scoira

Avançando na direção sul, à distância de quinhentas milhas, encontramos outra ilha, chamada Scoira,[24] cujos habitantes são cristãos e têm um arcebispo. Fabrica-se nessa ilha todo tipo de artigos, pois ela é rica em seda e peixes. O único cereal é o arroz. Andam nus e vivem de carne, de leite e de peixes. Os piratas levam a essa ilha muitas coisas roubadas que querem vender. Pois os habitantes, sabendo que todas aquelas coisas foram tomadas aos turcos e aos idólatras, as compram com prazer. Há nessa ilha, entre os cristãos, muitos feiticeiros,

---

[24] Socotra, na entrada do golfo de Ormuz.

capazes de, com sua arte, conduzir os barcos pelo mar como quiserem, mesmo se tiverem vento favorável; pois, então, podem fazer soprar um vento contrário e trazer os barcos à ilha, contra a vontade da tripulação.[25]

Capítulo XXXIX
Da grande ilha de Madaigascar

Tendo partido da ilha de Scoira e navegando rumo ao sul por mil milhas, chega-se a Madaigascar [Madagascar], uma das mais ricas ilhas do mundo. Dizem que ela tem quatro mil milhas de circunferência; os habitantes são maometanos. Não têm rei, mas são governados por quatro dos homens mais idosos. A ilha produz muito mais elefantes que qualquer outro país do mundo. Há uma ilha chamada Zanzibar que pratica um grande comércio de marfim, pois em todo o mundo creio que não haja tamanha quantidade de elefantes como nessas duas ilhas. Não se come nessa ilha outra carne senão a de camelo, que é muito salutar para os habitantes; há uma multidão quase infinita desses animais na ilha. Além disso, há nessa ilha florestas de sândalo e de um belo carmim, com que se fabricam muitos artigos. Capturam-se também no mar grandes baleias, das quais se tira o âmbar. Há por lá leões, leopardos, cervos, gamos, cabritos e muitas outras espécies de animais e de aves próprios para a caça. Lá se encontram, enfim, diversas espécies de aves de que jamais ouvimos falar em nosso

---

[25] Tudo isso coisas que Marco Polo conhece por ouvir dizer.

país. Muitos mercadores vêm a essa ilha aproveitando-se das correntes marítimas. Pois é possível vir em vinte dias da província de Maabar a essa ilha de Madaigascar com as correntes marinhas; mas é difícil sair delas, e às vezes são necessários três meses para superar as dificuldades dessas correntezas, pois o mar empurra sempre para o sul, com muito ímpeto.[26]

Capítulo XL
De um imenso pássaro chamado roca

Há ainda outras ilhas para além de Madaigascar, mas seu acesso é dificílimo por causa da impetuosidade do mar. Surge nessas ilhas, em certa parte do ano, uma espécie de pássaro bem surpreendente, chamado roca,[27] com a figura de uma águia, mas de extraordinária grandeza. Os que viram esse pássaro dizem que a maioria de suas plumas têm dez passos de comprimento, são proporcionalmente largas e que todo o corpo segue a mesma escala. É ave tão forte, que captura sem nenhum auxílio, a não ser suas próprias forças, um grande elefante e o eleva do chão e depois o deixa cair, para dele se alimentar. Eu, Marco, ao ouvir falar desse pássaro, pensei que se tratasse de um grifo, um animal de quatro patas, embora

---

[26] Esses comentários sobre as correntezas do mar africano são absolutamente confirmados pelas observações científicas modernas. (P.)

[27] É o pássaro fabuloso ruc, ruk ou roc, mencionado amiúde nas lendas indianas e no qual os naturalistas modernos julgam reconhecer o *Epyornis* ou algum outro representante das espécies de gigantescas aves de raça hoje extinta, mas cuja existência é atestada por restos de ossadas e, principalmente, pelos enormes ovos que se encontram perfeitamente conservados.

tenha penas. É muito parecido com o leão, embora tenha aspecto de águia; mas os que haviam visto essas rocas sempre garantiam que elas nada tinham em comum com qualquer outro animal e que tinham só duas patas, como as outras aves. No meu tempo, o imperador Kublai tinha certo mensageiro que fora feito prisioneiro nessas ilhas e que, depois de ser solto, contou ao voltar coisas surpreendentes sobre essas terras e as diversas espécies de animais que por lá vivem.

Capítulo XLI
Da ilha de Zanzibar

Lá também encontramos outra ilha com duas milhas de circunferência, com seu próprio rei e sua própria língua. São idólatras os habitantes, são gordos e baixos os homens; e se fossem proporcionalmente grandes, poderiam ser considerados gigantes. São tão fortes que um deles pode carregar o fardo de quatro ou cinco outros; são ótimos garfos, e uma refeição de um deles bastaria a cinco do nosso país. São negros e andam nus. Têm muitos cabelos, e tão encarapinhados que é preciso molhá-los para poder esticá-los. Têm boca grande, nariz largo e arrebitado, orelhas grandes e um olhar medonho. As mulheres são igualmente feias, com olhos horrendos, boca grande e nariz largo. Vivem de carne, arroz, leite e tâmaras. Não têm vinho; mas fabricam certa bebida com arroz, açúcar e outras especiarias. Muitos mercadores desembarcam nessa ilha porque há ali muitas baleias e elefantes. Esses ilhéus são fortes e ousados; e, como não têm cavalos, se servem na guerra de camelos e elefantes, construindo sobre estes últimos castelos de madeira, que podem levar até quinze ou vinte homens bem armados. Usam como armas lanças, punhais e pedras. Essa espécie de castelo portátil é recoberta de couro. Quando vão à guerra, dão aos elefantes uma bebida que os torna mais agressivos. A ilha é rica em leões, leopardos e outras feras selvagens que não se encontram em nenhum outro país. Têm também um animal que chamam de *gaffa* [girafa], com pescoço de três passos de comprimento; tem as patas da frente bem mais longas que as de trás; de cabeça pequena, tem várias cores e corpo malhado; é animal manso, não faz mal a ninguém.

Capítulo XLII
Da multidão de ilhas que há na Índia

Além das ilhas acima mencionadas, muitas outras há, na Índia, sujeitas às primeiras e principais e delas dependentes. O número dessas ilhas é tamanho, que não podemos contá-las com exatidão. A crer nos pilotos e nos que navegaram por muito tempo naqueles mares, são doze mil e setecentas ilhas.

Capítulo XLIII
Da província de Abasia

Até aqui nos limitamos à descrição dos diversos países da Índia Maior e Menor. A Grande Índia começa depois da província de Maabar e acaba no reino de Rescomaran; a Índia Menor começa depois do reino de

Ciamba e acaba no reino de Murfili. Falaremos agora da Índia Média, chamada propriamente de Abasia.[28] É um país bem grande e dividido em sete reinos, cada qual com seu rei, quatro dos quais cristãos e três maometanos. Os cristãos ostentam uma cruz de ouro sobre a testa, que lhes é aplicada no batismo; os maometanos, por seu lado, têm uma marca que vai da testa até o meio do nariz. Há lá também muitos judeus, que são marcados com ferro quente nos dois maxilares. Pertinho desse país fica outra província chamada Áden, onde, segundo dizem, São Tomé, Apóstolo de Nosso Senhor Jesus Cristo, pregou a fé e converteu a muitos; depois disso, ele foi encontrar-se com o rei de Maabar, onde morreu pela confissão do nome de Jesus Cristo.

Capítulo XLIV
De certo homem que foi maltratado por ordem do sultão

No ano de Nosso Senhor Jesus Cristo de 1258, o primeiro dos reis de Abasia quis, por devoção, visitar os Lugares Santos em Jerusalém. Assim, tendo participado seus planos aos conselheiros, estes o dissuadiram de empreender tal viagem, mostrando-lhe os perigos do

---

[28] A Abissínia, hoje Etiópia. A denominação de "Índia Média" denota, provavelmente, o tamanho dessa região em comparação às diversas partes do que então se chamava Índia, e não a sua localização intermiária entre a Índia Maior e Menor. Assim, para Marco Polo, a Índia Média é a região abissínia, a Índia Maior fica entre a foz do Ganges e a do Indo, enquanto a Índia Menor abrange as terras situadas entre a foz do Ganges e as fronteiras meridionais da China, propriamente dita.

caminho, em especial porque teria de passar várias vezes por terras de maometanos; mas o aconselharam a enviar até lá algum bispo em seu lugar, levando algum presente para Jerusalém. O rei concordou com o conselho e enviou um bispo que, ao passar pela região de Áden, habitada por maometanos que odeiam Jesus Cristo com um ódio implacável, foi capturado por esses infiéis e levado ao rei de Áden. Ao saber que ele fora enviado pelo rei de Abasia à Terra Santa, ameaçou-o de todas as maneiras, para fazê-lo renunciar ao nome de Jesus Cristo e abraçar o Alcorão. Perseverando na fé, respondeu o bispo que preferia morrer a abjurar Jesus Cristo para seguir Maomé. O sultão, então, cheio de raiva e desprezo por Jesus Cristo e pelo rei de Abasia, mandou que lhe infligissem o mais cruel tratamento e em seguida o mandou de volta ao rei de Abasia. Esse rei, querendo vingar a afronta feita a Jesus Cristo, armou um grande exército, composto de infantaria, cavalaria e de elefantes com castelos nas costas, e declarou guerra ao rei de Áden. O sultão, porém, aliando-se a outros dois reis, partiu ao encontro do rei de Abasia. Travado o combate, foram mortos muitos soldados do rei de Áden, e o rei de Abasia saiu vitorioso. Por isso, ele entrou no país de Áden com seu exército e começou a arrasá-lo de estranha maneira, matando todos os maometanos que oferecessem resistência. Permaneceu naquele reino um mês inteiro e, depois de ter causado muito estrago ao inimigo, voltou ao seu país coberto de glória e de honra, regozijando-se por ter punido a perfídia do sultão.

Capítulo XLV
Que tipos de diferentes animais são encontrados na província de Abasia

Os habitantes de Abasia vivem de carne, de leite e de arroz. O país tem numerosas cidades e aldeias, onde se produzem vários artigos; lá encontramos uma ótima barregana e tecidos de seda em abundância. Os abasianos também têm muitos elefantes; eles não nascem lá, mas são levados das ilhas. As girafas, os leões, os leopardos, os cabritos e diversas outras espécies de aves, que não se acham em outros lugares, ali nascem em quantidade. Além disso, há nesse país belíssimas galinhas e grandes avestruzes, quase do tamanho de asnos, e muitos outros animais e aves próprios para a caça. Por fim, lá encontramos diversas espécies de gatos, alguns deles com a cara quase igual ao rosto do homem.

Capítulo XLVI
Da província de Áden

A província de Áden tem seu próprio rei, por eles chamado sultão. Ele tem sob seu domínio um povo de maometanos que abominam os cristãos. O país é ornado com muitas cidades e castelos e tem um ótimo porto, onde aportam muitos navios com diversos tipos de especiarias. Os comerciantes de Alexandria ali vão adquirir essas ervas aromáticas e as transportam em barquinhos por eles guiados através de um rio durante sete dias de viagem;[29] depois disso as transportam em

---

[29] Parece que aí o mar Vermelho é considerado um rio. (P.)

camelos, que as levam a trinta jornadas de lá, até outro rio chamado Egito [o Nilo], onde, ao chegarem, de novo as transportam em embarcações que as levam a Alexandria; e não há caminho mais curto do que esse para ir desses países orientais a Alexandria.[30] Esses negociantes levam, ademais, muitos cavalos quando vão à Índia a negócios. O rei de Áden cobra desses mercadores que passam por seu país, levando perfumes e outras mercadorias, um altíssimo imposto, o que lhe proporciona grandes lucros. Quando o sultão do Egito, no ano de 1200, cercava Acre para recuperá-la dos cristãos, o sultão de Áden enviou-lhe trinta mil cavaleiros e quarenta camelos. Não que tivesse algum interesse em que o sultão do Egito tivesse bom êxito no empreendimento, mas por desejar a destruição dos cristãos. A quarenta milhas do porto de Áden, indo na direção norte, encontramos a cidade de Escier,[31] que tem sob sua dependência muitas outras cidades e castelos, tudo de propriedade do rei de Áden. Também há perto dessa cidade um ótimo porto, de onde se transporta um número infinito de cavalos até a Índia. O país é rico em excelente incenso branco, extraído de uns arbustos não muito diferentes do pinheiro. Os habitantes abrem orifícios na casca dessas árvores para delas extrair o incenso e, apesar do fortíssimo calor, delas escorre muito líquido. Há também nesse país tamareiras e palmeiras; mas não há cereais, a não ser um pouco de arroz; em compensação, há ótimos peixes, principalmente o atum,

---

[30] Esse trecho indica bem que Marco Polo, por um erro de geografia muito compreensível, considere que o território abissínio se ligue ao continente asiático e, portanto, às duas outras Índias.

[31] Entre Áden e Omã. (P.)

tido como excelente. Os habitantes não têm vinho, mas fabricam uma bebida feita de arroz, de tâmaras e de açúcar. São pequenos os cordeiros que se encontram nesse país e, por não terem orelhas, têm somente no lugar dois chifrinhos. Cavalos, bois, camelos e cordeiros vivem de peixes: é seu alimento habitual, já que, com o calor extremo, é impossível encontrar ervas no solo. Durante três meses do ano fazem uma pescaria onde capturam tal quantidade de peixe que é impossível descrever: são os meses de março, abril e maio. Secam esses peixes e os conservam; e, durante o ano inteiro, o servem aos animais, em vez de pastagem. Os animais preferem comer aquele peixe seco aos peixes frescos. Os habitantes também fazem biscoito de peixe seco; eis como: cortam o peixe em pedaços bem pequenos e o reduzem a pó, e com ele fazem uma pasta, que deixam secar ao sol; e comem, homens e animais, desse pão o ano inteiro.

* * *

Aqui termina, na verdade, o relato regular de Marco Polo; os diversos manuscritos que foram conservados, porém, e que até aqui concordam uns com os outros quanto à disposição geral das matérias, oferecem uma parte suplementar mais ou menos ampla, onde são dispostos, sem que uma mesma ordem seja observada, notas soltas, narrativas episódicas. Sem dúvida nenhuma, tais fragmentos vêm da mesma mão que o corpo do livro. Concluída a narrativa principal, o autor quis adicionar-lhe numerosas lembranças que não puderam nela se encaixar; mas vieram os copistas, que, cada qual à sua maneira, fizeram uma seleção nesse conjunto suplementar. O texto que seguimos conservou quatro capítulos dedicados às terras que se estendem entre as fronteiras setentrionais da China e as regiões polares. Essas terras, que formam o que hoje chamamos de Rússia asiática e que permaneceram completamente desconhecidas dos ocidentais até o século passado (XVIII), devem necessariamente ter tido, desde longa data, como hoje, relações frequentes e contínuas com o grande império vizinho. Durante a estada em Catai, Marco Polo pôde, portanto, informar-se com muita exatidão sobre essas regiões e seus habitantes. Prova disso são estes capítulos, que julgamos ainda mais dever conservar porque, confrontados com as narrativas modernas, demonstram, uma vez mais, o quanto são dignas de crédito as asserções do célebre veneziano.

Capítulo XLVII
De certo país habitado pelos tártaros

Até agora, falei dos países orientais que ficam para as bandas do sul; tratarei agora, brevemente, de algumas terras situadas ao norte, pois me esqueci de falar sobre elas nos outros livros. Nos países setentrionais há muitos tártaros que têm um rei da raça dos imperadores dessa nação; conservam os mesmos costumes e o mesmo jeito de viver que os antigos tártaros. São todos idólatras, e adoram certo deus que chamam de Natigai e creem ser o senhor soberano da terra e de tudo que ela produz. Fabricam muitas imagens e simulacros desse deus. Não residem nas cidades nem nas aldeias, mas sobre as montanhas e nos campos daquele país. São muito numerosos, não têm trigo, mas vivem da carne e do leite. Convivem em bom entendimento uns com os outros e obedecem de bom grado ao rei. Têm um número quase infinito de cavalos, camelos, bois, cordeiros e outros bichos chifrudos. Têm também imensos ursos, belíssimas raposas e lá se encontram asnos selvagens em grande quantidade. Entre os animais pequenos, têm certa espécie de que se tiram belíssimas peles, chamadas vulgarmente zibelinas. Há também vários outros tipos de animais selvagens, de que tiram quantidade suficiente de carne para se alimentarem.

Capítulo XLVIII
De outro país quase inacessível por causa da lama e do gelo

Há ainda outros países nessa parte do setentrião, mais adiante daquele de que acabamos de falar. Um deles está cheio de montanhas e produz diversos animais, como arminhos, diversos tipos de esquilos, raposas negras e outros, de que os habitantes tiram belíssimas peles lá adquiridas pelos mercadores para trazerem aos nossos países. Porém, os cavalos, os bois, os asnos, os camelos e outros grandes e pesados animais não poderiam viver naquelas paragens, pois é país cheio de pântanos e charcos, a menos que seja no inverno, quando tudo está gelado. Pois nas outras estações, embora sempre haja gelo e faça muito frio mesmo, o gelo não é firme o bastante para suportar uma carruagem ou animais pesados, pois os homens só com muita dificuldade caminham sobre aquela terra, de tão lamacenta e pantanosa que é. Esse país chega a ter para o norte treze jornadas de extensão, e é lá que os habitantes possuem esses animais que dão essas belas peles, de que obtêm um lucro considerável. Pois vão até lá mercadores de todo tipo de país para comprar essas peles, e de lá trazem todos os anos grande quantidade delas. Eis como esses mercadores entram nessas regiões: eles têm cães acostumados a puxar trenós; esses veículos não têm rodas e são feitos de madeira muito leve e muito lisa; esses trenós podem carregar dois homens, sem medo de capotar na lama, pois têm uma base bem larga. Assim, quando chega algum comerciante, ele se vale de um veículo desse tipo, ao qual são atrelados de certa maneira seis desses cães, e, seja qual for o lugar para onde foram levados pelo condutor, que se acomoda no trenó com o mercador, eles puxam esse carrinho através da água e da lama, sem nenhuma resistência. E como não conseguem suportar esse trabalho por mais de um dia, ao fim do dia são soltos e substituídos por outros, havendo por lá muitas aldeias que criam esses cães exclusivamente para esse uso. Assim, um mercador pode ir bem adiante nessas terras. Esses trenós não podem transportar cargas pesadas, pois os cães não conseguem puxar mais que o comerciante, o condutor e um pacote de peles. O mercador, portanto, é obrigado a mudar de veículo todos os dias, até chegar às montanhas onde essas peles são vendidas.

Capítulo XLIX
Do país das Trevas

Há outro país bem mais para o norte do que aqueles de que acabamos de falar, pois fica realmente na extremidade. Esse país é chamado de Tenebroso, porque o Sol não aparece durante boa parte do ano,[32] de modo que lá as trevas não reinam só durante a noite, mas também durante o dia. Há apenas um débil crepúsculo bem escuro; os homens desse país são belos, altos, de boa compleição, mas de cor pálida. Não têm nem rei nem príncipe, vivem como animais e fazem tudo que lhes agrada, sem se preocuparem com a civilidade nem com a humanidade. Os tártaros, que são vizinhos dessa nação, fazem com frequência incursões nesse país Tenebroso, tomando-lhes os animais e tudo que encontram, causando-lhes muito prejuízo. E como esses bandidos correm sério perigo em suas invasões, por causa da noite que cai de repente e pode surpreendê-los, usam de uma artimanha para evitá-la. Quando decidem empreender uma incursão desse tipo, levam consigo as éguas com seus potros, que deixam na entrada do país com seus guardas, levando consigo só as éguas. E quando voltam com o botim e a noite os surpreende, então, graças às éguas, que se apressam a voltar para junto de suas crias, encontram seu caminho sem nenhuma dificuldade. Pois nesses momentos eles soltam as rédeas das éguas e as deixam ir onde quiserem. E julgo que nisso têm razão, visto o serviço considerável que elas lhes prestam. Pois

---

[32] Sabe-se que as regiões boreais têm a cada ano, no inverno, uma noite de vários meses e, no verão, um dia com a mesma duração.

a natureza as conduz direto ao lugar onde estão os potros, e com isso os homens encontram seu caminho, o que seria impossível sem a assistência desses animais. Os habitantes desse país também têm diversos tipos de animais, dos quais extraem preciosas peles que levam para outros países, para seu grande lucro.

Capítulo L
Da província de Ruteni

Os rutenos (ou russos) ocupam uma enorme província, que se estende quase até o polo ártico. São cristãos segundo o rito dos gregos; são brancos e belos, tanto os homens como as mulheres; têm cabelos lisos. Pagam tributo ao rei dos tártaros, dos quais são vizinhos ao oriente. Há também entre eles grande quantidade de peles preciosas, e eles têm muitas minas de prata; mas é país muito frio, porque se estende para os lados do mar Glacial. Há, porém, algumas ilhas nesse mar onde se encontram gerifaltes e falcões em abundância, que são levados para diversas partes do mundo...

© *Copyright* desta tradução: Editora Martin Claret Ltda., 2014.
Original utilizado: *Deux voyages en Asie au XIII e siècle*. Editado por Eugène Muller. Delagrave: 1888. Notas de Eugène Muller e G. Pauthier

DIREÇÃO
Martin Claret

PRODUÇÃO EDITORIAL
Carolina Marani Lima
Mayara Zucheli

CAPA
José Duarte T. de Castro

DIAGRAMAÇÃO
Giovana Quadrotti

REVISÃO
Waldir Moraes

IMPRESSÃO E ACABAMENTO
Bartira Gráfica

Dados Internacionais de Catalogação na Publicação (CIP)
(Câmara Brasileira do Livro, SP, Brasil)

Polo, Marco, 1254-1323?
  As viagens / Marco Polo; tradução Roberto Leal Ferreira. —
1. ed. — São Paulo: Martin Claret, 2021.

Título original: Il milione
1. Ásia – Descrições e viagens – Obras anteriores a 1800 2. Mongóis – História 3. Polo, Marco 1254-1323? - Viagens I. Título

ISBN 978-65-5910-097-2

21-80995   CDD-915.42

Índices para catálogo sistemático:

1. Polo, Marco: Relatos de viagens: Ásia: Descrição   915.42
Maria Alice Ferreira – Bibliotecária – CRB-8/7964

EDITORA MARTIN CLARET LTDA.
Rua Alegrete, 62 – Bairro Sumaré – CEP: 01254-010 – São Paulo, SP
Tel.: (11) 3672-8144 – www.martinclaret.com.br
1ª reimpressão – 2024

CONTINUE COM A GENTE!

- Editora Martin Claret
- editoramartinclaret
- @EdMartinClaret
- www.martinclaret.com.br

Impressão e Acabamento

Bartiragráfica

(011) 4393-2911